指向语文要素的学习活动设计

周奇 ◎ 编著

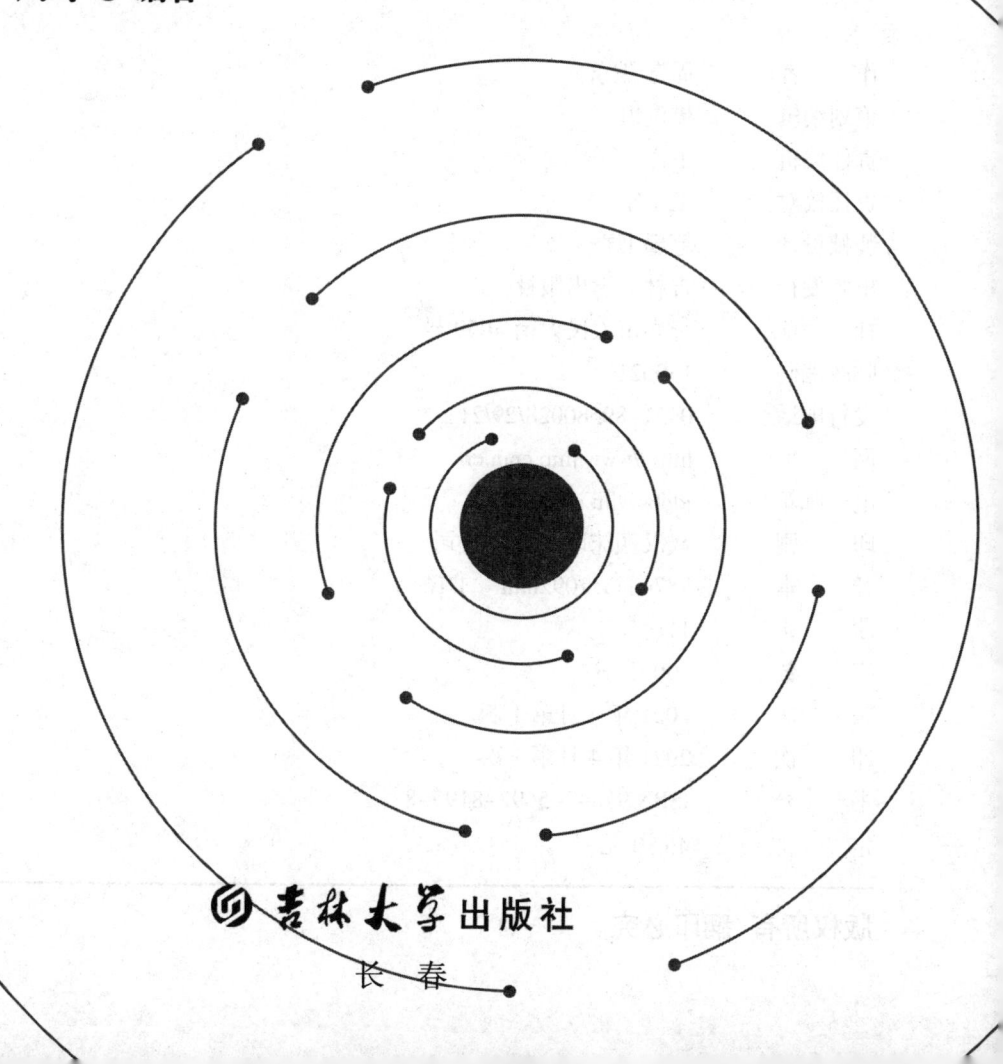

吉林大学出版社

长　春

图书在版编目（CIP）数据

指向语文要素的学习活动设计/周奇编著．—长春：吉林大学出版社，2021.4
ISBN 978-7-5692-8195-8

Ⅰ.①指… Ⅱ.①周… Ⅲ.①小学语文课—教学设计 Ⅳ.① G623.202

中国版本图书馆 CIP 数据核字（2021）第 075203 号

书　　名	指向语文要素的学习活动设计
	ZHIXIANG YUWEN YAOSU DE XUEXI HUODONG SHEJI
作　　者	周奇 编著
策划编辑	樊俊恒
责任编辑	王洋
责任校对	王宁宁
装帧设计	笔墨书香
出版发行	吉林大学出版社
社　　址	长春市人民大街 4059 号
邮政编码	130021
发行电话	0431-89580028/29/21
网　　址	http://www.jlup.com.cn
电子邮箱	jdcbs@jlu.edu.cn
印　　刷	武汉颜沫印刷有限公司
开　　本	787mm×1092mm　1/16
印　　张	11
字　　数	190 千字
版　　次	2021 年 4 月第 1 版
印　　次	2021 年 4 月第 1 次
书　　号	ISBN 978-7-5692-8195-8
定　　价	46.80 元

版权所有　翻印必究

目录 CONTENTS

第一讲　概述 ……………………………………………………… (1)

　　第一节　为什么要指向"语文要素" ……………………………… (2)

　　第二节　为什么要设计"学习活动" ……………………………… (5)

第二讲　语文要素 ………………………………………………… (11)

　　第一节　语文要素的认识 ………………………………………… (12)

　　第二节　语文要素的梳理 ………………………………………… (15)

　　第三节　语文要素的落实 ………………………………………… (35)

第三讲　学习活动 ………………………………………………… (43)

　　第一节　学习活动的概念 ………………………………………… (44)

　　第二节　学习活动的特点 ………………………………………… (47)

　　第三节　学习活动的设计 ………………………………………… (52)

第四讲　学习活动设计——把握主要内容 ……………………… (57)

　　第一节　"把握主要内容"要素解读与教材梳理 ………………… (58)

　　第二节　"把握主要内容"的教学建议 …………………………… (62)

　　第三节　低年级"把握主要内容"学习活动设计 ………………… (67)

　　第四节　中年级"把握主要内容"学习活动设计 ………………… (72)

　　第五节　高年级"把握主要内容"学习活动设计 ………………… (77)

第五讲　学习活动设计——想象 (83)

第一节　"想象"要素解读与教材梳理 (84)

第二节　"想象"教学建议 (89)

第三节　低年级"想象"学习活动设计 (93)

第四节　中年级"想象"学习活动设计 (101)

第五节　高年级"想象"学习活动设计 (103)

第六讲　学习活动设计——复述 (109)

第一节　"复述"要素解读及教材梳理 (110)

第二节　"复述"教学建议 (113)

第三节　低年级"复述"学习活动设计 (118)

第四节　中年段复述学习活动设计 (125)

第五节　高年级复述学习活动设计 (131)

第七讲　学习活动设计——描写 (137)

第一节　"描写"要素解读与教材梳理 (138)

第二节　"描写"教学建议 (142)

第三节　"动态描写与静态描写"活动设计 (144)

第四节　"场面描写"学习活动设计 (151)

第五节　"人物描写"学习活动设计 (164)

第一讲　概述

第一节　为什么要指向"语文要素"

我们的课程叫作《指向语文要素的学习活动设计》。它有两个关键词：语文要素、学习活动。在"概述"部分，主要向大家阐述，我们为什么要选择这样一个主题，为什么要确定这样两个关键词。

我们先来探讨，为什么要指向"语文要素"？

一、对比不同学科，看"教什么"？

教学，不外乎是"教什么"和"怎么教"的问题。我们先尝试着拿语文课跟体育课来做个对比，看看"教什么"的问题，有什么不一样。

一节体育课的课题，大概是这样子的：篮球——双手胸前传接球，或者，足球——脚内侧运球。这节课，老师应该教什么，或者，学生应该学会什么？相信看了课题之后，所有人都知道。

而我们语文学科的课题不是这样子的。比如《小壁虎借尾巴》《我们家的男子汉》。这只是教材内容，并不等于教学内容。如果单单通过课题来分析，这些语文课，老师到底应该教什么？或者，学生到底应该学什么？其实都是一头雾水的。

我们再拿语文课跟数学课做个对比。五年级有一节数学课，叫作《平行四边形面积的计算》。笔者想邀请各位语文老师一起来想想数学的问题：这节课，应该编排在学完哪个内容之后？应该编排在学习哪个内容之前？没错，一定是先学了长方形面积计算之后，才能学平行四边形。一定是知道了平行四边形面积的计算之后，才能安排进行三角形和梯形面积的学习。这说明什么？这说明，教数学，是特别讲究知识体系的。

而我们的语文课，好像没有这么清清楚楚明明白白。一篇课文，应该教什么，似乎可以凭执教者自己的理解来选择；至于哪一课该先学，哪一课该后学，就更是不必那么在意了。

其实，这不是语文老师的水平问题，而是因为语文学科的性质与其他数理类、技术类的学科不一样。相比其他学科，语文学科的人文性更强一些，工具性没有其他学科那么直白明了，这样一来，就有点像"太极"的感觉了：似乎很美，很艺术，很有味道，但是，也挺含糊，不那么直接。

从上述分析可以发现，语文教材内容与教学内容的脱节，导致了语文教学"教什么"不明晰。

二、对比新旧教材，看"教什么"？

接下来，我们再从人教课标版语文教材的单元导语来看看，它对于语文教学"教什么"，有没有比较明确的指引。我们试着以三、四、五、六年级下册第四单元的单元导语为例，来做个分析。

人教课标版教材三四年级的单元导语，是一个自然段，五六年级的导语是两个自然段。不过，都是在前一部分文字介绍文本的内容，在后面的几句话中提出学习的目标或者要求。咱们来看看这些要求。

比如，人教课标版教材四年级下册第四单元导语：

你知道过去战争中的孩子是怎样生活的吗？你知道现在有一些地区的孩子又是怎样面对还不太平的世界？让我们一起学习这组课文，去了解战争给孩子带来的苦难，聆听他们对和平的呼唤，我们还要通过听广播、看电视、读书看报，关注世界上发生的大事，更多地了解战争中孩子的生活，并想一想我们能为世界和平做点什么。

再比如，人教课标版教材六年级下册第四单元导语：

无论是在战争时期，还是在和平年代，都有许多令我们感动的人，尽管他们中有些人连姓名都不为人所知，他们的形象却清晰地留在了人们的记忆中。本组课文为我们讲述了一些感人的故事，让我们在阅读中了解那些可歌可泣的事，体会那令人震撼的情。

学习本组课文，要入境入情，抓住那些感动我们的地方，体会作者表达的思想感情，还要认真领悟文章的表达方法。如果有条件，还可以搜集一些感人的故事，和同学进行交流。

大家发现没，单元导语中的这些目标要求，大都比较笼统，感觉遮遮掩掩的，好像都不敢直接讲出来，这个单元到底是要大家学什么东西。

指向 语文要素的学习活动设计

因为语文学科本身的特点,也因为教材编排方面的原因,导致了语文教学长期以来存在着一个很大的问题,那就是——"教什么"并不明晰。

我们同样以统编版教材的三至六年级下册第四单元的单元导语为例,来看看。

以下是统编版教材四年级下册第四单元的单元导语:

奔跑,飞舞;驻足,凝望。

可爱的动物,我们的好朋友。

……

体会作家是如何表达对动物的情感的。

写自己喜欢的动物,试着写出特点。

以下是统编版教材六年级下册第四单元的单元导语:

人生自古谁无死,留取丹心照汗青。——宋·文天祥

……

关注外貌神态言行的描写,体会人物品质。

查阅相关资料,加深对课文的理解,习作时选择合适的方式进行表达。

大家发现了吗?在统编版教材的单元导语中,同样也是两部分文字。上面的文字指向内容,下面的文字,指向学习的目标、要求。

让我们重点看下面部分的文字,关于在教学中"教什么"的问题,在这部分文字中有非常明确的指引。而且,相比前一版本的教材,这样的表述,更加精简也更加清晰了。在每一个单元的导语中,这短短的两三句话,必定有指向阅读训练的要素,也必定有指向表达训练的要素。

三、统编教材最大的亮点

这便是最值得我们关注的语文要素,这便是统编版语文教材最大的亮点——语文要素。

在统编教材汇总,每个单元都有明确的"语文要素"。有了明确的语文要素,就有了明确的语文学习目标。这样,语文教学就有了着力点,不至于稀里糊涂,或者由着老师的性子,"跟着感觉走"。

在本节中,我们比较简单地介绍了为什么要指向语文要素,在本书的第三讲中,我们还将对语文要素有关问题做更详细的阐述。

第二节　为什么要设计"学习活动"

在上一节中，我们从"教什么"的角度，分析了语文教学存在的教学内容不明晰的问题，基于此，我们确定了将"语文要素"作为我们系列培训课程的切入点。在接下来的这一节中，让我们从"怎么教"的角度来审视我们的语文教学，或许，我们会发现新的问题。

一、分享一个故事，看"怎么教"

先给大家讲一个小故事。这个小故事的讲述人其实是崔允漷教授。他是华东师范大学课程教学研究所的所长。

那是1994年7月的一个炎热下午，当时我已拿到了教育学博士学位，专业是课程与教学论，在出国进修前，我回老家去看望父母。我有点得瑟地想"考"一下我母亲，以显摆自己为此贡献了10年青春而获得的博士学位。她虽出身地主家庭，解放前上过学，但是没有正式文凭。

我骄傲地问道："老妈，你晓得什么是教学吗？"她一边干活一边不加思索地回答："教学，不就是一个老师在上课，一帮学生在听课吗？"

这句话恰似当头棒喝，让我无地自容，甚至让我觉得这样的专业没意思而差点转行。

从本科算起，我至少读了10年教育学，却只知道"教学是教师教、学生学相结合相统一的活动"，而且不论是教学论或教育学教材，还是教育大辞典、教育大百科，都是这样界定"教学"的。但是，这种理解其实与农村老太太处于同一个认知水平，还显得有些"装"。

——崔允漷《老师转战线上，学生真的能成为学习的中心吗》

崔教授感叹，对于"教学"，我们专业的理解和一个农村老太太其实差不多。不过我猜，他的话里应该有些调侃的成分。

让我们再来仔细看看这两种版本的解释。

"教学"的专业版解释:教学是教师教、学生学相结合相统一的活动。

"教学"的农村老太太版解释:一个老师在上课,一帮学生在听课。

大家有没有发现,对于"教学"的阐述,专业的还是专业一些,虽然这种正确的废话,说了似乎跟没说一样。

那么,老太太版的解释呢?虽然挺实在,但到底不够严谨。

笔者觉得,老太太描述学生在教学中的状态时,所用的词句太片面了,那就是"听课"。老人家是不是觉得,学习,就是听课,就是坐在座位上,抬着头,睁大眼,规规矩矩、老老实实地,听老师讲课!

不过,也难怪人家老太太的解释太片面,几十年过去了,我们今天的语文教学,说不定还是这样子的呢!

二、回看一段实录,看"怎么教"

为大家呈现一个语文教学的片段。在这份资料中,我们没有注明执教者的单位和姓名。因为,这样的教学场景,我们都不陌生,似乎每天都发生在我们的身边。

《梅花魂》教学片段实录

师:同学们,今天我们要学习一篇新的课文,课文的题目叫做《梅花魂》。来,跟老师齐读课题,预备——起!

生:梅花魂。

师:请大家打开书,翻到第10页。请大家自由地把课文朗读一遍,注意把字音读准,把句子读通顺,开始。

师:好,停,大家读得非常认真。现在让我们来一起认读课后的生字。请跟老师来。葬,葬礼。腮,腮边。虬,老干虬枝……

师:读得非常好!这篇文章一共讲了外祖父的几件事情?

生1:四件。

生2:五件。

师:有人说四件,有人说五件,别急,我们来看课文的第二自然段。这一段是写外祖父在干吗?

生:教我读唐诗宋词。

师:教我读唐诗宋词,然后他自己就——

生:哭了。

师:这是课文写的第一件事情,外祖父在吟诗的时候落泪了。(出示课件:吟诗落泪)

师:第二件事情,往下看,怎么啦?我弄脏了外祖父的梅花图,他——

生:大发雷霆。

师:这是第二件事情,写他特别珍爱他的梅花图。(出示课件:珍爱梅图)

师:第三件事情,继续往后看。我们要回去了,外祖父?

生:他不回。

师:不叫他"不回"。

生:他不能回。

师:他想回而不能回。就哭了起来。(出示课件:不能回国)

师:第四件事情是什么?

生:离别落泪。

师:离别的前一天,他送给我一幅——

生:梅花图。

师:这便是第四件事情——赠梅花图。(出示课件:赠梅花图)

师:最后一件事,第14段:船快开了,母亲狠下心来,拉着我上了船。眼含泪水的外祖父也上了船。递给我一块——

生:手绢。

师:我们也可以叫它梅花手绢。这是课文的第五件事情。(出示课件:赠梅花绢)

师:同学们,我想问问大家,从这五件事情中,你感受到了外祖父怎样的情感?谁能说一说?请你说。

生:外祖父伤心的情感。

师:他的情感是什么?……请坐,谁再说?

生:十分惋惜。

师:惋惜?整篇文章中表现出来的,外祖父的情感应该是什么?你说。请你说。

生:爱国。

师:爱国。谢谢。爱国,是这篇文章中外祖父身上所表现出来的,一种品质,一种情感。也就是——热爱祖国。(课件出示:热爱祖国)

师：其实呢，直接来看，外祖父"喜爱梅花"，也是从头到尾都有所体现，是不是？

生：是。

师：（出示课件：喜爱梅花）让我们一起，把外祖父的情感读一遍。预备——起！

生：喜爱梅花，眷恋祖国。

这个片段的教学，大家感觉怎么样？是不是觉得似乎也还可以？讲清了课文的内容和人物的情感，师生的配合也不错。

但是，让我们反思一下。老师是怎么教的？老师就是不停地在讲。学生是怎么学的？学生真的就是一直规规矩矩地坐着听，偶尔，可能有几个同学配合一下老师，回答一下老师的问题。然后，老师就迫不及待地出示自己早已准备的课件。每次成功出示一页课件，似乎就意味着一个小环节的教学"圆满成功"了。

按照原上海师范大学教育学院李海林教授的话说，我们许多语文课堂，大概是这样一种形态：老师把自己对课文的理解和对课文中所包含的知识的归纳，讲给学生听，或通过问答让学生知道（——李海林《"搞活动"是语文课堂的基本教学形态》）。这种教学形态，今天依然普遍存在，我们的教学，依然走在"以教师为中心"的老路子上。

三、教学，该以何为中心

以教师为中心，我们重视的是对于"教"的研究。与"以教师为中心"相对的是什么呢？我们都知道回答，那就是"以学生为中心"。"以学生为中心"，倡导的是"信任学生""尊重学生"，要"关注学情""顺学而导"，要鼓励"自主、合作、探究"。

我们曾经呼吁，要学会"放手"，要让孩子"自己去学"。我们在黑板上打出几个看似很重要的大大的问题，然后学生就分组啊、讨论啊、探究啊；然后，学生就一组组排着队上台来汇报、分享；等学生汇报完了，一节课也就差不多了。在整个过程中，老师只需要在一旁微笑着、看管着学生就可以了。

但是，这样子真能学好吗？笔者在不少地方听过类似的课，没有老师有效的指引，光有学生在那里"闪光"的课，其实基本上都是假的。更何况，即使孩子真的学好了，那也不是老师的功劳，那是少数天才孩子自己学会的。

老师们，要让学生真正学好，光是有"关心""关注""尊重""鼓励""信任"，是远远不够的。在"以教师为中心"和片面的"以学生为中心"之外，我们当下的语文教学,缺少的是什么呢?缺的就是对"学习"本身的研究。

对于学生的学习研究不够,导致老师总是牵着学生走,或者放任学生自己学。不管何种做法,都容易导致学生的学习浮于表面,学得不实在,导致语文教学效率低下,导致学生能力不彰。

所以,我们的教学更需要"以学习为中心"。以学习为中心,研究的重心不是在"学生",而是在学生的"学",也就是,面对不同的教学内容,用什么办法最能帮助学生学好。

五、对比一组词语,看"怎么教"

让我们来看一组词语:检查预习、创设情境、复习导入、设疑激趣、鼓励探究、总结延伸……

怎么样,非常熟悉吧。在哪里经常见到这些词语?没错,在我们的教案中。

大家发现没有,我们在教案中特别习以为常的这些词语有什么共同的特点?——它们的主语,都是"教师"!

在这样的教案指引下的语文教学过程中,我们最关心的其实是教的流程。也就是我第一步做什么,我第二步做什么,我如何有条不紊,我如何起承转合,我如何顺顺利利把一节课讲下来。

那么,让我们各位语文老师一起来想想,在我们的语文教案中,除了刚才这些词语,还可以有什么呢?我们可能会想起这样一些词语:阅读、朗读、背诵、讨论、展示、汇报、连线、填表、制作、圈画、练笔、游戏、调查、访谈、记录……

老师们,发现了吗?这些词语都是动词,这些动词的主语,都是学生。这些词语,有个共同的名字,它们都是"语文学习活动"。在这样的语文课堂中,学生不只是"听听而已",他们在实践、在体验、在真正经历由"学"到"会"的过程。

在本节中,我们从"怎么教"的角度,分析了语文教学存在的问题。我们要改变"以教师为中心"的老问题,也要警惕片面的"以学生为中心"。我们主张通过研究和设计学生的学习活动,来有效推进语文教学,让学生的语文学习真正发生。在本课程的第三讲中,我们将进一步和大家探讨学习活动的概念、特点以及如何设计等问题。

第二讲　语文要素

第一节 语文要素的认识

"指向语文要素的学习活动设计"有两个关键词:语文要素、学习活动。在第一讲中,我们已经对这个课程进行了简单的概述。在第二讲中,我们将厘清"语文要素"的有关问题。首先,让我们揭开"语文要素"的面纱,认识"语文要素"的背景与概念。

一、"语文要素"的背景

与数学、物理、化学等自然学科相比,语文的内涵十分丰富,包含了语言学、文字学、文学等多方面内容。然而,语文学科并没有一个非常严密的知识与能力体系。

1980年8月,全国小学语文教学研究会成立。叶圣陶先生发表了题为《语文是一门怎样的功课》贺信,指出:"语文课到底包含哪些具体的内容,要训练学生的到底有哪些项目,这些项目的先后次序该怎么样,反复和交叉又该怎么样,学生每个学期必须达到什么程度,毕业的时候必须掌握什么样的本领,诸如此类,现在都不明确,因而对教学的要求也不明确,任教的老师只能各自以意为之。"

叶圣陶先生的这段话剖析了语文教科书、教学、评价之间的矛盾与问题。但是,若干年来语文课本对此还缺少有效的解决办法。

2019年秋季全国通用统编语文教材,与以往教材相比,最为突出的特点是以"语文要素"与"人文主题"双线并行的方式来组织单元。其中,"语文要素"是主线、明线。

统编语文教材这种编排意图有两个。

第一,努力遵循语文学科的自身规律,解决语文教学"教什么"和"学什么"的问题,让语文教科书更加"便教利学"。

第二,围绕"阅读"与"表达"两大系列的知识与能力、方法与习惯、情感与价值观等方面,尝试构建语文学科的能力目标序列,努力体现训练的系统性。

二、"语文要素"的概念

"语文要素"是与统编语文教材一起诞生的新名词、新概念，同时也是统编语文教材与以往教材不同的一个"亮点"，还是统编语文教材使用的"指南"。

（一）字面解释

"语文"是语言文字、语言文学、语言文化的简称。"语文要素"中的"语文"一词，它不应该是指"语文"这一学科或事物，而是指"语文学习"这件事。

《现代汉语词典（第 6 版）》中对于"要素"的解释是：构成事物的必要因素。如果顺着这个定义来解释"语文要素"，那就是"构成语文学习的必要因素"。

（二）专家解读

中小学语文教科书总主编温儒敏教授认为，语文要素"让课程内容目标体现的线索清晰，各个学段、年级、单元的教学要点清晰，按照课标的学段目标要求细化那些知识的掌握与能力的训练，落实到各个单元中"。

教材执行主编陈先云老师认为，"所谓语文要素就是语文训练的基本元素，包括基本方法、基本能力、基本学习内容和学习习惯"。

国家级培训员郑宇老师认为，"语文要素是统编小学语文教材提出的一个核心概念，是建构语文教材训练体系的基石"。

江苏省特级教师周有利认为，"字、词、句、段、篇里所包含的诸多知识是语文要素，听、说、读、写、书的能力指向是语文要素，品、悟、思、辨、赏等语文学习方法是语文要素，还有需要养成的语文学习习惯也属于语文要素"。

（三）概念甄别

结合字面解释与专家解读，我们尝试着给"语文要素"下个定义。

所谓"语文要素"，就是统编语文教材努力构建符合语文学科基本规律、适合学生身心发展特点的语文能力发展训练体系，将必备的语文知识、基本的语文能力、常用的学习方法或适当的学习策略和学习习惯等，分成若干个知识或能力训练的"点"，统筹规划训练目标的序列，并按照一定的梯度，落实在各个年级的相关内容或活动中，努力体现语言文字训练的系统性。

那么,"语文要素"这个新概念与以往我们熟知的"语文元素"有什么区别呢?

"语文元素"是基于语文学科课程这个本体来说的,它涵盖的内容更多,语文知识、语文能力、语文方法策略与语文学习习惯等都隶属于这个范畴。

而"语文要素"是上述语文元素中相对于中小学生必须要掌握的语文知识、最基本的语文能力、最常用的语文学习方法,必须要养成的语文学习习惯。

"要"就是不可或缺。无论教学哪一篇课文,牵扯到的语文元素都是很多的。那些被列入教学目标的才能称之为语文要素。

因为是"要素",才会成为教与学关注的重点,成为教学行为的着力点。要素,是一堂课的主产品,其他元素是与之相伴而生的副产品。

(四)教材呈现

第一学段的语文要素在一组单元中没有相应的单元导语提示,主要通过课后练习题来呈现,还有采用文中泡泡的形式提示。

从三年级开始,教科书在每个单元前编排篇章页,用简洁的语言点明语文要素,明确单元教学目标。

每个单元的语文要素,都是教科书环环相扣的体系结构中的一环。教师在教学中既要"勾连上下",明确"这个"语文要素与前面册次相关要素之间的联系和区别,又要"环顾左右",把握"这个"语文要素和本册其他语文要素之间的联系和区别。

只有把握好"上下""左右"各要素之间的关联,才能明确单元的教学定位,找到学生语文能力发展的适切点。

第二节　语文要素的梳理

作为语文教师,我们在使用教材之前,一定要先通读教材,这对我们用好教材,在教学实践中充分发挥教材的学习价值,具有重要的指导意义。

然而,因为以往的语文教材缺乏统编教材中"语文要素"这样显性的抓手,所以老师们即便"通读"了,对于教材如何体现"循序渐进、螺旋上升"地促进学生语文素养发展的编写意图,仍然是很模糊的。

从这一点上说,与统编语文教材一起诞生的"语文要素",对于用教材教语文的教师来说,是有积极意义和价值的。

将统编语文教材各单元语文要素进行梳理,就能发现教材努力为学生语文素养的发展规划了一条比较清晰的路线,努力构建了一个符合语文学习基本规律、适合学生身心发展特点的语文能力发展训练体系。

语文要素具有横向联系与纵向发展的特点。我们可以依此构建"语文要素"的横向图谱与纵向图谱。

一、"横向图谱"突出能力培养的整体性和综合性

从横向上看,统编语文教材按照听、说、读、写同时推进的思路综合编排。

从三年级开始,教科书在每个单元导语中,围绕阅读、表达两个方面明示本单元的重点语文要素。课后的思考练习题落实本单元的重点语文要素。"语文园地"中的"交流平台"对本单元的学习方法进行回顾、总结。每个单元将单元导语、课后思考练习题、交流平台、词句段运用等内容视作一个整体,让语文要素的学习层层推进,环环相扣,将语文学习方法的掌握、语文能力的发展落到实处。

我们在进行单元内容设计的时候,应该尽可能考虑单元内部彼此之间的相互联系,使之相互促进,协同发展。

接下来,让我们对统编语文教材第一至第十二册中的"语文要素"进行快速浏览,在脑海中构建起"语文要素"的横向图谱。

第二讲 语文要素

(一)第一学段

1.一年级上册

第一单元:识字

(1)识字写字:在有趣的情境中认识象形字,感受汉语的音韵特点;了解汉字笔顺规则。

(2)口语交际:大胆说注意听,养成良好的听说习惯;对交流有兴趣,感受交流的快乐。

(3)课外阅读:实现口头语向书面语的顺利过渡,激发课外阅读的动力,体会和别人一起读的快乐。

第二单元:拼音

(1)拼音学习:韵母、声母、整体认读音节,拼读练习。

(2)识字写字:借助课程表识字。

(3)课外阅读:尝试拼读,在大人的帮助下正确朗读《剪窗花》,感受传统文化的魅力。

第三单元:拼音

(1)拼音学习:复韵母、鼻韵母、整体认读音节,拼读练习。

(2)说话写话:从特定的词语中选择一两个用以说话。

(3)课外阅读:尝试独立阅读,遇到困难再向大人请教,感受和大人一起阅读的乐趣。

第四单元:自然四季

(1)识字写字:初步建立反义词概念;认识同学的名字。

(2)阅读:运用普通话正确、流利地朗读课文;模仿课文中简单的短语和句式。

(3)口语交际:向他人做自我介绍,并能引起话题,养成良好的交际习惯。

(4)说话写话:运用词语说说自己喜欢的季节。

(5)课外阅读:知道一些生活常识,感受大自然事物的神奇;分享和大人一起读的收获。

指向 语文要素的学习活动设计

第五单元:识字

(1)识字写字:初步认识会意字,进一步了解汉字偏旁表义的构字规律;了解汉字笔顺规则,正确书写。

(2)课外阅读:初步尝试续编故事。

第六单元:想象

(1)识字写字:按结构进行汉字分类;巩固方位词。

(2)阅读:把课文读正确、读通顺,读好疑问句和陈述句,根据角色进行朗读。

(3)口语交际:根据不同的场合选用不同的音量;初步具有场合意识。

(4)课外阅读:尝试运用多种合作方式和大人一起读。

第七单元:儿童生活

(1)识字写字:学习表示亲属称谓的词语;了解汉字偏旁表意的构字规律;区分形状相近的笔画并正确书写。

(2)阅读:联系生活实际,理解课文内容;合理搭配"的"字词语。

(3)说话写话:看图写词语,根据图意写一两句话。

(4)课外阅读:分角色读故事,感受故事的有趣。

第八单元:观察

(1)识字写字:了解汉字笔顺规则,在田字格中正确书写。

(2)阅读:借助圈一圈、画一画的方法从课文中寻找明显信息;借助图画阅读课文;初步认识自然段。

(3)口语交际:在交流中大胆说出自己的想法,积极参与讨论;选择方案并说明理由。

2.一年级下册

第一单元:识字

(1)识字写字:借助汉语拼音自主识字,主动识字;了解全包围结构的字的笔顺规则;先看后写再对照,练习书写。

(2)口语交际:听懂故事内容,记住主要情节;借助图画讲故事,声音洪亮,有勇气和信心。

(3)课外阅读:和大人合作问答朗读,感受友好相处的美好情感。

第二单元:心愿

(1)识字写字:初步养成正确使用量词短语的习惯,不同事物用不同量词。

(2)阅读:找出明显信息,培养阅读理解能力;运用多种形式读,读好词语和句子的节奏。

(3)课外阅读:感受阳光的美好与宝贵,享受一起阅读的快乐。

第三单元:伙伴

(1)识字写字:正确使用字典,学会音序查字法;勤查字典,独立识字。

(2)阅读:联系上下文理解词语意思;建立初步的归类意识;分角色朗读对话。

(3)口语交际:学会请别人帮忙并且使用合适的礼貌用语说清楚自己的要求。

(4)课外阅读:用多种方法解决不认识的字,随文巩固识字,知道要帮大人做力所能及的事情。

第四单元:家人

(1)识字写字:了解带点字的笔顺特点;"一看二写三对照"。

(2)阅读:初步感知长句子的停顿;积累词语和古诗;根据信息作简单推断并联系生活实际进行表达。

(3)课外阅读:借助拼音正确、流利地读绕口令,并且想象画面,感受其情趣。

第五单元:识字

(1)识字写字:学习运用形声字的构字规律识字,感受识字的乐趣;辨析形近字和同音字,查字典有一定速度。

(2)阅读:充分朗读,边读边记,熟读成诵,积累语言。

(3)口语交际:初步学会打电话和接电话,在此过程中注意使用礼貌用语。

(4)课外阅读:巩固已学生字,了解寓言道理。

第六单元:夏天

(1)阅读:联系生活实际了解词语的意思;仿说仿写句子;读好问句和感

叹句。

(2)说话写话:通过扩写把一个简单的句子写具体。

(3)课外阅读:感受阅读乐趣,体会夏夜的美好和同伴互助的温暖。

第七单元:习惯

(1)识字写字:掌握"加一加、减一减"的识字方法;学习分辨形近字;学习笔顺规则,正确书写。

(2)阅读:根据信息作简单推断,训练逻辑思维;读好疑问句和祈使句的语气;利用多种方式读懂长课文。

(3)口语交际:明白游戏规则并有条理表达,初步养成良好的行为意识和行为习惯。

(4)说话写话:展开想象,能选择几个词语说几句话。

(5)课外阅读:巩固已学汉字,读出节奏,感受共读的乐趣。

第八单元:问号

(1)识字写字:在生活情境中积累词语,认识生字;复习巩固形声字偏旁表意的规律。

(2)阅读:借助图画阅读课文;读好多个角色的对话。

(3)说话写话:结合生活情境,进行说话写话。

(4)课外阅读:读童话并说说自己的想法。

3. 二年级上册

第一单元:大自然的秘密

(1)阅读:积累并运用表示动作的词语;借助图片,了解课文内容。

(2)口语交际:吐字要清楚;有不明白的地方,要有礼貌地提问。

第二单元:识字

(1)识字写字:发现汉字规律,运用形声字形旁表义、声旁表音的特点来归类识字;学习"部首查字法"。

第三单元:儿童生活

(1)阅读:阅读课文,能说出自己的感受或想法;借助字词,尝试讲述课文内容。

(2)写话:学习基本的写话格式要求。

(3)口语交际:按照顺序说;注意听,记住主要信息。

第四单元:家乡

(1)阅读:联系上下文和生活经验,了解词句的意思;学习课文的语言表达,积累语言。

(2)写话:学写留言条。

第五单元:思维方法

(1)阅读:初步体会课文讲述的道理;感受和体会课文语言表达的多样性,学习表达。

(2)口语交际:要用商量的语气;把自己的想法说清楚。

第六单元:伟人

(1)阅读:借助词句,了解课文内容。

(2)口语交际:按顺序讲清楚图意;认真听,知道别人讲的是哪幅图的内容。

第七单元:想象

(1)阅读:展开想象,获得初步的情感体验;初步学习默读。

(2)写话:观察图片,展开想象,续编故事。

第八单元:相处

(1)阅读:综合运用多种方法自主识字,自主阅读;借助提示,复述课文;学习默读。

4.二年级下册

第一单元:春天

(1)阅读:朗读课文,注意语气和重音。

(2)口语交际:说话的语气不要太生硬。避免使用命令的语气。

第二单元:关爱

(1)阅读:读句子,想象画面;试着有感情地朗读课文。

(2)写话:仿照例句,展开想象,把自己喜欢的景物写下来;能根据提示写自己的一个好朋友。

第三单元:识字

(1)识字写字:利用韵语、形旁与字义的联系,借助图片识字,初步感受汉字的魅力。

(2)口语交际:清楚地表达想法,简单说明理由。对感兴趣的内容多问一问。

第四单元:童心

(1)阅读:根据课文有关的情境,运用学到的词语把想象的内容写下来。学习默读课文。

(2)写话:根据提示看图发挥想象,借助词语按时间顺序把小动物们一天的经历写下来。

第五单元:办法

(1)阅读:根据课文内容,谈谈简单看法。

(2)口语交际:能主动发表关于图书角管理方法的意见。交流时,能做到等别人说完再分享自己的意见。

第六单元:大自然的秘密

(1)阅读:提取主要信息,了解课文内容。联系生活经验,了解课文内容。

(2)写话:感受提问的不同角度,把自己对大自然的疑问写下来。

第七单元:改变

(1)阅读:借助提示讲故事。

(2)写话:写清楚自己想养小动物的理由。

第八单元:世界之初

(1)阅读:根据课文内容展开想象。

(2)口语交际:能注意说话的速度,让别人听清楚讲的内容。能认真听,了解别人讲的主要内容。

(二)第二学段

1. 三年级上册

第一单元:学校生活

(1)阅读:阅读时,关注有新鲜感的词语和句子。

(2)表达:体会习作的乐趣,用几句话或一段话介绍自己的同学,激发习作兴趣。

(3)口语交际:能选择自己暑假生活中的新鲜事,把经历讲清楚。能选择别人可能感兴趣的内容讲述,并借助图片或实物。

第二单元:金秋时节

(1)阅读:运用多种方法理解难懂的词语。

(2)表达:学习写日记,了解写日记的好处以及写日记的基本格式。

第三单元:中外童话

(1)阅读:感受童话丰富的想象。

(2)表达:试着自己编童话,写童话。尝试运用改正、增补、删除的修改符号自主修改习作。能给习作加题目。

第四单元:阅读策略

(1)阅读:围绕"预测"这一阅读策略展开。唤醒学生边阅读边预测的意识。实践并总结预测的基本方法和途径。通过讨论、比较和交流等,引导学生掌握预测这一策略。

(2)表达:续写故事。能根据插图和提示续写故事,把故事写完整。能运用改正、增补、删除的修改符号,修改有明显错误的内容。

(3)口语交际:名字里的故事。能了解自己或他人名字的含义或来历,把了解的信息讲清楚。听别人讲话的时候,要礼貌地回应。

第五单元:留心观察

(1)阅读:体会作者是怎样留心观察周围事物的。

(2)表达:仔细观察,把观察所得写下来。

第六单元:祖国山河

(1)阅读:借助关键语句理解一段话的意思。

(2)表达:习作时候,围绕一个意思写。

第七单元:我与自然

(1)阅读:感受课文生动的语言,积累喜欢的语句。

(2)表达:留心生活,把自己的想法及时记录下来。

(3)口语交际:能在小组中简单讲述身边的不文明或令人感到温暖的行为,并清楚地表达自己的看法。能汇总小组意见,汇总意见时能尽量反映每个人的想法。

第八单元:美好品质

(1)阅读:学习带着问题默读,理解课文的意思。

(2)表达:学写一件简单的事。把事情的过程相对完整地写下来,并表达出当时快乐的心情。

(3)口语交际:主题为"请教"。能就自己不好解决的问题有礼貌地向别人请教。不清楚的地方能及时追问。

2. 三年级下册

第一单元:可爱的生灵

(1)阅读:一边读一边想象画面。体会优美生动的语句。

(2)表达:把观察到的事物写清楚,引导学生借助记录卡写一种植物。

(3)口语交际:主题为"春游去哪儿玩"。能向同学推荐春游值得去的地方,说清楚好玩之处和可以开展的活动。在交流时,能耐心把别人的话听完,尽量不打断别人。

第二单元:寓言故事

(1)阅读:读寓言故事,明白其中的道理。

(2)表达:看图作文,把图画的内容写清楚。

(3)口语交际:讨论主题为"该不该实行班干部轮流制"。积极参与讨论,能表达自己的观点,并说清理由。能一边听一边思考,想想别人讲的是否有道理,尊重不同的想法。

第三单元:中华优秀传统文化

(1)阅读:了解课文是怎么围绕一个意思把一段话写清楚的。

(2)表达:就自己感兴趣的一个传统节日写一篇习作,写清楚过节过程。

第四单元:观察与发现

(1)阅读:借助关键语句概括一段话的大意。

(2)表达:观察事物的变化,把实验过程写清楚。

第五单元:大胆想象

(1)阅读:走进想象的世界,感受想象的神奇。

(2)表达:发挥想象写故事,创造自己的想象世界。

第六单元:多彩童年

(1)阅读:运用多种方法理解难懂的句子。

(2)表达:写一个身边的人,尝试写出他的特点。

第七单元:奇妙的世界

(1)阅读:了解课文是从哪几个方面把事物写清楚的。

(2)表达:初步学习整合信息,介绍一种事物。

(3)口语交际:主题为"劝告"。根据具体的情境选择恰当的方式,尝试劝告别人。选择合适的语气,从别人的角度着想劝告别人。

第八单元:有趣的故事

(1)阅读:了解故事的主要内容,复述故事。

(2)表达:根据提示,展开想象,尝试编童话故事。

(3)口语交际:能自然大方地把故事讲给别人听,并能用合适的方法,把故事讲得吸引人。认真听别人讲故事,能记住主要内容。

3. 四年级上册

第一单元:自然之美

(1)阅读:边读边想象画面,感受自然之美。

(2)表达:向同学推荐一个好地方,写清楚推荐的理由。

(3)口语交际:判断别人的发言是否与话题有关。围绕话题发表看法,不跑题。

第二单元:策略单元

(1)阅读:阅读时尝试从不同角度去思考,提出自己的问题。

(2)表达:写一个人,注意把印象最深的地方写出来。

第三单元:留心观察

(1)阅读:体会文章准确生动的表达,感受作者连续细致的观察。

(2)表达:进行连续观察,学写观察日记。

(3)口语交际:小组讨论时,注意说话的音量,避免干扰其他小组。不重复别人说过的话。如果想法接近,可以先表示认同,再继续补充。

第四单元:神话故事

(1)阅读:了解故事的起因、经过、结果,学习把握文章的主要内容。感受神话中神奇的想象和鲜明的人物形象。

(2)表达:展开想象,写一个故事。

第五单元:习作单元

(1)阅读:了解作者是怎样把事情写清楚的。

(2)表达:写一件事,把事情写清楚。

第六单元:童年生活

(1)阅读:学习用批注的方法阅读。通过人物的动作、语言、神态体会人物的心情。

(2)表达:记一次活动,把活动过程写清楚。

(3)口语交际:选择合适的方式进行安慰。借助语调、手势等恰当地表达自己的情感。

第七单元:家国情怀

(1)阅读:关注主要人物和事件,学习把握文章的主要内容。

(2)表达:学习写书信。

第八单元:古代故事

(1)阅读:了解故事情节,简要复述课文。

(2)表达:写一件事,能写出自己的感受。

(3)口语交际:用卡片提示讲述内容。使用恰当的语气和肢体语言,可以让讲述更生动。

4. 四年级下册

第一单元:田园生活

(1)阅读:抓住关键词句,初步体会文章表达的思想感情。

(2)表达:写自己喜欢的某个地方,表达出自己的感受。

(3)口语交际:听别人的话能抓住要点,转述别人的话意思准确清楚。

第二单元:科普知识

(1)阅读:阅读时能提出不懂的问题,并试着解决。

(2)表达:写自己的奇思妙想,把自己想发明的东西写清楚。

(3)口语交际:准确传达信息。清楚连贯地讲述。

第三单元：现代诗歌

(1)阅读：初步了解现代诗的一些特点,体会诗歌的感情。

(2)表达：根据需要收集资料,初步学习整理资料的方法。尝试创作自己的诗歌。合作编小诗集,举办诗歌朗诵会。

第四单元：动物朋友

(1)阅读：体会作家是如何表达对动物的感情的。

(2)表达：写自己喜欢的动物,试着写出动物的特点。

第五单元：习作单元

(1)阅读：了解课文按一定顺序写景物的方法。

(2)表达：学习按游览的顺序写景物。

第六单元：七彩童年

(1)阅读：学习怎样把握长文章的主要内容。

(2)表达：按一定的顺序把事情的过程写清楚。

(3)口语交际：根据讨论的目的记录重要信息。分类整理小组的意见,有条理地汇报。

第七单元：美好品质

(1)阅读：从人物的语言、动作等描写中感受人物的品质。

(2)表达：学习用多种方法写出人物的特点。

(3)口语交际：根据不同的对象和目的,合理选择介绍的内容。

第八单元：童话之美

(1)阅读：感受童话的奇妙,体会人物真善美的形象。

(2)表达：按自己的想法新编故事。

(三)第三学段

1.五年级上册

第一单元：万物有灵

(1)阅读：初步了解课文借助具体事物抒发感情的方法。

(2)表达：写一种事物,表达自己的感情。

(3)口语交际:发言时要控制时间。讨论后作小结要总结共同和不同意见。

第二单元:策略单元

(1)阅读:学习提高阅读速度的方法。

(2)表达:结合具体事例写出人物的特点。

第三单元:民间故事

(1)阅读:了解课文内容,创造性地复述故事。

(2)表达:提取主要信息,缩写故事。

(3)口语交际:讲清楚故事细节。讲故事时可以配上相应的动作和表情。

第四单元:深爱祖国

(1)阅读:结合查找的资料,体会课文表达的思想感情。

(2)表达:学习列提纲,分段叙述。

第五单元:习作单元

(1)阅读:阅读简单的说明性文章,了解基本的说明方法。

(2)表达:搜集资料,用恰当的说明方法,把某一种事物介绍清楚。

第六单元:舐犊之情

(1)阅读:注意体会作者描写的场景、细节中蕴含的感情。

(2)表达:用恰当的语言表达自己的看法和感受。

(3)口语交际:选择恰当的材料支持自己的观点。尊重别人的观点,对别人的发言给予积极回应。

第七单元:四季之美

(1)阅读:初步体会课文中静态描写和动态描写。

(2)表达:学习描写景物的变化。

第八单元:读书明智

(1)阅读:阅读时注意梳理信息,把握内容要点。

(2)表达:根据表达的需要,分段表述,突出重点。

(3)口语交际:分条讲述,把推荐一本书的理由讲清楚。听人说话能抓住重点。

第二讲　语文要素

2. 五年级下册

第一单元：童年往事

(1)阅读：体会课文表达的思想感情。

(2)表达：把一件事的重点部分写具体。

(3)口语交际：根据提问对象提出恰当的问题。认真倾听，在交流时能边听边记录。

第二单元：古典名著

(1)阅读：初步学习阅读古典名著的方法。

(2)表达：学习写读后感。

第三单元：综合性学习

(1)阅读：感受汉字的有趣，了解汉字文化。学习搜集资料的基本方法。

(2)表达：学写简单的研究性报告。

(3)口语交际：讲清楚故事细节。讲故事时可以配上相应的动作和表情。

第四单元：家国情怀

(1)阅读：通过课文中动作、语言、神态描写，体会人物的内心。

(2)表达：尝试用动作、语言、神态描写，来表现人物的内心。

第五单元：习作

(1)阅读：学习描写人物的基本方法。

(2)表达：初步运用描写人物的基本方法，尝试把一个人的特点写具体。

第六单元：思维火花

(1)阅读：理清故事的起因、发展、高潮和结局，了解人物的思维过程。

(2)表达：根据情境编故事，注意情节的转折。

第七单元：异域风情

(1)阅读：体会景物的静态美和动态美。

(2)表达：搜集资料，介绍一个地方。

(3)口语交际：选择合适的材料并恰当地组织在一起。列提纲，按一定的顺序讲述。

第八单元:幽默智慧

(1)阅读:感受课文中巧妙的对话和风趣的语言。

(2)表达:看漫画,写出自己的想法。

(3)口语交际:避免不良的口语习惯。用心倾听,做一个好的听众。

3.六年级上册

第一单元:走进自然

(1)阅读:感受课文中丰富的想象,深入理解内容。

(2)表达:习作时发挥想象,把重点部分写得详细一些。

第二单元:革命岁月

(1)阅读:了解文章是怎样点面结合写场面的。

(2)表达:尝试运用点面结合的写法记一次活动。

(3)口语交际:语气、语调适当,姿态大方。演讲时利用停顿、重复或者辅以动作强调要点,增强表现力。

第三单元:策略单元

(1)阅读:根据不同的阅读目的,选择恰当的阅读方法。

(2)表达:写生活体验,试着表达一下自己的看法。

第四单元:美好品质

(1)阅读:读小说,关注情节、环境,感受人物形象。

(2)表达:发挥想象,创编生活故事。

(3)口语交际:先说想法,再把具体的理由讲清楚。设想对方可能的反应,恰当应对。

第五单元:习作单元

(1)阅读:体会文章是怎样围绕中心意思来写的。

(2)表达:从不同方面或选取不同事例,表达中心意思。

第六单元:保护环境

(1)阅读:抓住关键句,把握文章的主要观点。

(2)表达:学写倡议书。

(3)口语交际:准确把握别人的观点,不歪曲,不断章取义。尊重不同意见,讨论问题时,态度要平和,要以理服人。表达观点时,要简洁明了,要有根据。

第七单元:艺术之美

(1)阅读:借助语言文字展开想象,体会艺术之美。

(2)表达:写自己的拿手好戏,把重点部分写具体。

(3)口语交际:有条理地表达,如可以分点说明。对感兴趣的话题深入交谈。

第八单元:走近鲁迅

(1)阅读:借助相关资料,理解课文主要内容。

(2)表达:通过事情写一个人,表达出自己的情感。

(3)口语交际:分条讲述,把推荐一本书的理由讲清楚。听人说话能抓住重点。

4.六年级下册

第一单元:民风民俗

(1)阅读:阅读时分清内容的主次,体会作者是如何详写主要部分的。

(2)表达:习作时注意抓住重点,写出特点。

第二单元:外国名著

(1)阅读:了解作品梗概,把握名著的主要内容,就印象深刻的人物和情节交流感受。

(2)表达:学习写作品梗概。

(3)口语交际:引用原文说明观点,使观点更有说服力。分辨别人的观点是否有道理,讲的理由是否充分。

第三单元:习作

(1)阅读:体会文章是怎样表达情感的。

(2)表达:习作时,选择合适的内容写出真情实感。

第四单元:革命理想

(1)阅读:阅读时,关注神态、言行的描写,体会人物品质。阅读相关资料,加深对课文的理解。

(2)表达:习作时,选择适合的方式进行表达。

(3)口语交际:提前打腹稿,想清楚重点说什么,先说什么,后说什么。

第五单元:科学精神

(1)阅读:体会用具体事例说明观点的方法。

(2)表达:展开想象,学科幻故事。

(3)口语交际:听出别人讲话中的矛盾或漏洞。抓住漏洞进行反驳,注意用语的文明。

第六单元:难忘小学

(1)阅读:学习整理资料的方法。

(2)表达:策划简单的校园活动,学写策划书。

(3)口语交际:准确把握别人的观点,不歪曲,不断章取义。尊重不同意见,讨论问题时,态度要平和,要以理服人。表达观点时,要简洁明了,要有根据。

二、"纵向图谱"突出训练目标的连续性和发展性

如果说构建"语文要素"的横向图谱,可以让我们既见树木,又见森林,那么,构建"语文要素"的纵向图谱,则可以让我们看见每一棵树的生长轨迹。

因为"语文要素"的横向图谱,突出了能力培养的整体性和综合性,而"语文要素"的纵向图谱,则突出了训练目标的连续性和发展性。

从纵向上看,学过的语文要素,包括先前册次和本册前面的单元,在之后的语文实践中反复运用,不断提升,由易到难,螺旋式发展,能稳步促进学生语文素养的提升。

由于训练目标涉及多个维度、不同层面,我们将以"把握文章的主要内容""阅读策略""习作能力"为例,管中窥豹,以便清楚地了解统编教材训练目标序列的安排。

(一)把握文章的主要内容

长期以来,把握文章主要内容的能力一直是小学生的薄弱点。统编教科书

构建了训练学生把握文章主要内容的两条明线:一是复述,侧重口语的发展;二是安排相应的训练要素。

1. 复述

统编教科书依据儿童语言能力发展特点,循序渐进地使儿童练习各种各样的复述。

(1)二年级借助图片、表格等讲故事

二年级上册《小蝌蚪找妈妈》课后思考练习题:小蝌蚪是怎样长成青蛙的?按顺序把下面的图片连起来,再讲一讲小蝌蚪找妈妈的故事。

《大禹治水》课后思考练习题要求学生根据关键句提示,讲讲"大禹治水"的故事。

二年级下册《蜘蛛开店》课后思考练习题:根据示意图讲一讲这个故事。

《羿射九日》课后思考练习题:根据表格里的内容,讲一讲这个故事。

(2)三年级详细复述

三年级上册《在牛肚子里旅行》的课后思考练习题:画出它在牛肚子里旅行的路线,再把这个故事讲给别人听。

三年级下册《慢性子裁缝和急性子顾客》的课后思考练习题:填写下面的表格,再借助表格复述这个故事。表格提示了时间先后顺序。

《漏》的课后思考练习题:借助下面的示意图和文字提示,复述这个故事。

三年级下册第八单元的"导语"明确提出:"了解故事的主要内容,复述故事"的学习要求。该单元的"交流平台"以对话的形式总结了详细复述的方法,并引导学生运用。

(3)四年级简要复述

四年级上册《西门豹》的课后思考练习题:"根据提示,简要复述课文内容:摸清底细惩治巫婆和乡绅→兴修水利。"

《故事两则》的课后思考练习题:默读课文,找出课文中表示故事发展先后顺序的词句,再简要复述这两个故事。

四年级上册第八单元的"导语"明确提出:"简要复述课文,注意顺序和详略"

的学习要求。该单元的"交流平台"总结了简要复述课文注意的问题。

(4)五年级创造性复述

五年级上册《牛郎织女》的课后思考练习题:课文中有些情节写得很简略,发挥想象把下面的情节说得更具体。

第三单元的"导语"明确提出:"了解主要内容,创造性复述故事"的学习要求。该单元的"交流平台"提示了创造性地复述故事的方法。

五年级下册《景阳冈》的课后思考练习题:用自己的话详细讲述武松打虎的部分,可以加上适当的语气、表情和动作。

2. 把握文章主要内容的训练要素

(1)四年级教给简单的、常用的方法

教科书从四年级上册开始,有计划地安排了把握文章主要内容的训练要素,教给学生简单的、常用的把握文章主要内容的方法。

四年级上册《为中华之崛起而读书》的课后思考练习题:"默读课文,想想课文讲了哪几件事,再连起来说说课文的主要内容。"

第七单元的"导语"明确提出:"关注人物和事件,学习把握文章的主要内容"的学习要求。该单元的"交流平台"以对话的形式对把握文章主要内容的方法作了归纳总结。

四年级下册第六单元的"导语"明确提出:"学习怎样把握长文章的主要内容"的学习要求。

(2)五年级加强方法的迁移与运用

五年级上册开始明确提出:"阅读时注意梳理信息,把握内容要点",旨在加强方法的迁移与运用,不断提升学生把握文章主要内容的能力。

五年级下册《草船借箭》的课后思考练习题:默读课文,按起因、经过、结果的顺序,说一说故事的主要内容。

《景阳冈》的课后思考练习题:按照故事的发展顺序,把下面的内容补充完整,再简要地说说故事的主要内容。

《跳水》的课后思考练习题:默读课文,想想这个故事的起因、发展、高潮和结局,把下面的内容填写完整,再讲讲这个故事。

(3)六年级总结运用方法

六年级教科书的编排重点在总结运用小学阶段的知识、能力与方法,帮助学生养成良好的语文学习习惯。

六年级上册第八单元的"交流平台",对小学阶段学习的"把握文章的主要内容"方法作了梳理总结。

(二)阅读策略

针对很多学生在阅读中不能自发形成有效的阅读策略,阅读效率低下的问题,教科书选取了四种最基本的阅读策略,编排了以帮助学生掌握阅读策略为主要目标的单元。

具体安排如下:三年级上册——预测,四年级上册——提问,五年级上册——阅读要有一定的速度,六年级上册——有目的地阅读。

(三)习作能力

按照学生习作能力发展的规律,教科书在三年级至六年级每册安排了一个习作单元,聚焦习作能力发展的某一方面,加强习作在小学语文教学中的份量,使习作教学更具系统性、针对性和可操作性。

各册具体内容安排如下:三年级上册——留心观察,三年级下册——展开大胆的想象,四年级上册——把一件事情写清楚,四年级下册——学习按浏览的顺序写景物,五年级上册——运用说明方法介绍一种事物,五年级下册——运用描写人物的基本方法把人物特点写具体,六年级上册——围绕中心意思写,六年级下册——表达真情实感。

从教科书的编排体系中可以看出,统编教科书的语文要素纵向线索清楚,由易到难,螺旋式发展,能稳步促进学生语文素养的提升。

第三节　语文要素的落实

在上两节中，我们揭开了"语文要素"的面纱，认识了"语文要素"的背景与概念，构建了"语文要素"的图谱，梳理了"语文要素"的内容与序列。在接下来的这一节中，我们将探讨落实"语文要素"的路径与策略，让"语文要素"落地生根。

要让"语文要素"落地生根，在实际教学中，我们需要关注三个方面。

首先，关注学段差异。统编语文教材在设置语文要素时非常注重学段、册数之间的递进和衔接，因为任何一种语文能力的形成都不是一蹴而就的，它需要一个生长的过程。

其次，关注单元逻辑。统编语文教材在不同单元中所设置的语文要素，彼此之间有着紧密联系。而在同一单元，单元导语围绕阅读、表达两个方面明示单元语文要素，每个课后的思考练习题落实单元语文要素，而语文园地则对单元语文要素进行回顾、总结。

最后，关注文本价值。不同的课文围绕语文要素所承载的价值和定位也是完全不同的，我们要在关注学段差异、关注单元逻辑的基础上，将解读的视角具化到具体课文中，厘清具体课文与单元语文要素之间的关联，落实语文要素，贯穿方法指导。

在实际教学中，落实"语文要素"的路径与策略有很多。接下来，我们将着重介绍其中的一种，它就是"要素·活动"式教学。

"要素·活动"式教学是"学什么"和"怎么学"互相融合、"语文知识"与"学习活动"互相融合的一种教学样态。

它从统编教材中的语文要素出发，站在学生学习的视角来设计语言学习活动，引领学生在活动中掌握语文知识，学会语言文字运用，从而实现语文要素与学习活动的融合，实现深度教与学。

那么，如何利用"要素·活动"式教学去实施统编语文教材呢？课堂是教学的主阵地。我们来看三个课堂教学片段。

第二讲　语文要素

（一）第一学段

《蜘蛛开店》教学片段实录

（执教　熊莺老师）

师：在故事中，蜘蛛有三次开店的经历，请选择你认为最好玩的一次，讲给同桌听。如果讲清楚了，能得到一个大拇指；如果还能讲得很有趣，那就再加一个大拇指。

【故事锦囊：根据示意图，从"卖什么、写招牌、顾客来了、结局怎样"四个方面去讲，可以把故事讲得清楚、有趣。】

（学习活动：根据示意图，同桌讲故事。）

师：谁愿意上台合作讲故事，根据示意图，讲讲蜘蛛卖口罩？卖围巾？卖袜子？

（学习活动：根据示意图，合作讲故事。）

师：有一只蜘蛛，每天蹲在网上等着小飞虫落在上面，好寂寞，好无聊啊。

生1：蜘蛛决定开一家商店。卖什么呢？就卖口罩吧，因为口罩织起来很简单。于是，蜘蛛在一间小木屋外面挂了一个招牌，上面写着："口罩编织店，每位顾客只需付一元钱。"顾客来了，是一只河马。河马嘴巴那么大，口罩好难织啊，蜘蛛用了一整天的工夫，终于织完了。

生2：晚上，蜘蛛想：还是卖围巾吧，因为围巾织起来很简单。第二天，蜘蛛的招牌换了，上面写着："围巾编织店，每位顾客只需付一元钱。"顾客来了，只见身子不见头。蜘蛛向上一看，原来是一只长颈鹿，他的脖子和大树一样高，脑袋从树叶间露出来，正对着蜘蛛笑呢。蜘蛛织啊织，足足忙了一个星期，才织完那条长长的围巾。

生3：蜘蛛累得趴倒在地上，心里想：还是卖袜子吧，因为袜子织起来很简单。第二天，蜘蛛的招牌又换了，上面写着："袜子编织店，每位顾客只需付一元钱。"可是，蜘蛛看到顾客后，却吓得匆忙跑回网上。原来那位顾客竟是一条四十二只脚的蜈蚣！

师：接下来会发生什么事？请在学习小组里猜一猜。

【故事锦囊：可以从多个角度展开想象，或许蜘蛛不开店了，或许蜘蛛继续开

店,或许蜘蛛改变经营方式,例如卖别的东西,按大小、长短、数量计价,跟人合作开店,又或许……】

(学习活动:小组交流"接下来,也许＿＿＿＿＿。")

生4:接下来,也许蜘蛛开动脑筋,修改了袜子编织店的招牌,改成一双袜子一元钱。

生5:接下来,也许蜘蛛吓得不敢开店了。

生6:接下来,也许蜘蛛开了一家手套编织店,结果章鱼来了。

生7:接下来,也许蜘蛛开了一家小吃店,专门卖昆虫。

师:请拿出写话纸,展开想象,续编故事。

(学习活动:随文写话"蜘蛛跑回网上后,＿＿＿＿＿。")

师:谁愿意把续编的故事讲给大家听?

(学习活动:班级展示"蜘蛛跑回网上后,＿＿＿＿＿。")

生8:蜘蛛跑回网上后,思来想去,还是决定守信用。它织啊织,忙了整整一个月,才织完四十二只袜子。蜈蚣很满意,给蜘蛛介绍了很多生意。蜘蛛的商店越来越火红,还雇了很多店员呢!

生9:蜘蛛跑回网上后,想了三天三夜。最后,它关掉了编织店,开了一家网吧。许多动物都排着队来上网,生意好极了!

这个教学片段来自熊老师的一节直播课——统编教材二年级下册第20课《蜘蛛开店》。这一课的语文要素是通过课后练习题来呈现的:一是朗读课文,根据示意图讲一讲这个故事;二是展开想象,续编故事,讲给大家听。这也是这一课的教学目标。

熊老师从语文要素出发,设计了"猜故事——读故事——讲故事——编故事"一系列语言学习活动,每项活动都以"故事锦囊"的方式给学生提供学习活动的建议。

我们可以看到,在这个教学片段中,学习活动有个体活动、小组活动、班级活动和师生活动。在这样的语文课堂中,学生在实践,在体验,在真正经历由"学"到"会"的过程,在真正实现"语文要素"与"学习活动"的融合。

(二)第二学段

《短诗三首》教学片段实录

师:同学们,读了《繁星(七一)》,你的眼前出现了怎样的画面?

生1:我仿佛看见,在一个宁静的夜晚,明亮的月光洒在园子里,藤萝的叶子层层叠叠,小小的冰心安静地趴在母亲的膝上,感受母亲温柔的抚摸。

师:多么温馨的夜晚,多么慈爱的母亲!带着你的想象,读这首短诗。

生1:这些事——/是永不漫灭的回忆:/月明的园中,/藤萝的叶下,/母亲的膝上。

生2:我仿佛看见,有个小女孩在月明的园中捉迷藏,在藤萝的叶下看蚂蚁,在母亲的膝上听故事,听着听着,睡着了。

师:多么有趣的往事,多么美好的童年!带着你的想象,读这首短诗。

生2:这些事——/是永不漫灭的回忆:/月明的园中,/藤萝的叶下,/母亲的膝上。

师:月明的园中,藤萝的叶下,母亲的膝上,这些事都是作者无法忘怀的,这就是——

生:永不漫灭的回忆。

师:一个破折号,让你感受到了什么?

(学习活动:讨论汇报)

师:让我们想象作者正静静地坐在桌前,回忆着那些关于童年、关于母亲的往事:月明的园中,藤萝的叶下,母亲的膝上……带着这样的想象,我们再读短诗。

生:这些事——/是永不漫灭的回忆:/月明的园中,/藤萝的叶下,/母亲的膝上。

师:时光在流逝,可是,这些事——/是永不漫灭的回忆!《繁星(七一)》,一二读!

生:《繁星(七一)》/这些事——/是永不漫灭的回忆:/月明的园中,/藤萝的叶下,/母亲的膝上。

师:时光在流逝,可是,这些事——/是永不漫灭的回忆!《繁星(七一)》,一二背！

生：《繁星（七一）》/这些事——/是永不漫灭的回忆：/月明的园中，/藤萝的叶下，/母亲的膝上。

师：每个人都有童年。你们的童年是怎样的？有哪些难以忘怀的回忆？请拿出纸和笔，静静地想一想，仿照着写一写。

（学习活动：随文练笔）

师：写好了吗？我们来分享童年的回忆。

生1：这些事——/是永不漫灭的回忆：/故乡的田野，/乡间的小路，/父亲的肩膀。

生2：这些事——/是永不漫灭的回忆：/蔚蓝的大海，/金黄的沙滩，/美丽的贝壳。

生3：这些事——/是永不漫灭的回忆：/飞上蓝天的风筝，/漂流而下的纸船，/悠悠荡荡的秋千。

生4：这些事——/是永不漫灭的回忆：/跑得飞快的自行车，/紧跟身后的叭儿狗，/捧在手心的小人书。

师：大海、沙滩、贝壳、风筝、纸船、秋千，这些回忆都是我们生命中的繁星点点。而在冰心的回忆里，最温暖的——那是母亲的怀抱。

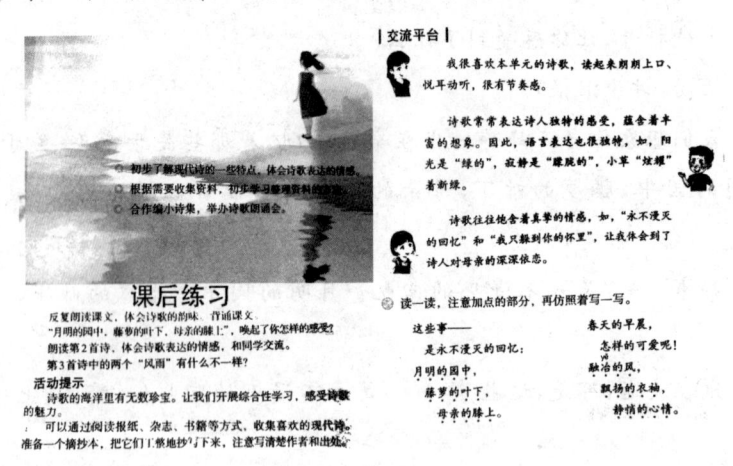

图 2-1

这个教学片段来自熊老师的直播课——统编教材四年级下册第9课《短诗三首》。这一课的语文要素在单元导语、课后练习、交流平台、词句段运用中均有呈现。

熊老师以"语文要素"为抓手,以"感受母爱"为支架,设计了朗读、背诵、想象、感悟、讨论、汇报、练笔、展示等多种"语文学习活动",让语文学习真正发生,让"语文要素"落地生根。

(三)第三学段

《北京的春节》教学片段实录

(执教者:周奇)

师:请大家快速浏览课文,找出作者写了春节中哪些重要日子和怎样的活动。同桌合作,将你的发现填在表格里。

【活动建议:1.圈出文中表示时间的词语。2.发现文中隐含的时间,按顺序写下来。3.对照日期,填写民俗活动。】

(学习活动:同桌合作填表,汇报填表情况。)

表 2-1　北京的春节

时间	人们的活动
腊八	熬腊八粥,泡腊八蒜
腊月初九—腊月二十二	所有人为过年做准备
腊月二十三	祭灶王、吃糖
腊月二十四—腊月二十九	贴春联、扫房、预备年货
除夕	吃团圆饭、穿新衣、放鞭炮、祭祖、守岁
正月初一	拜年、逛庙会
正月初六	铺户开张
元宵节	赏灯、吃元宵
正月十九	春节结束

师:从这个表格中,你能发现什么?
生:我发现作者按时间顺序来写北京的春节,不同的时间点对应着不同的民俗活动。
师:你发现了课文的表达顺序。请大家借助表格,在学习小组里完整地说一说老北京人是怎样过春节的。

指向 语文要素的学习活动设计

（学习活动：学习小组交流，整体把握内容。）

生：我发现有的活动写得详细，有的活动写得简略。

师：你发现了课文的详略安排。请大家结合课后练习第一题，说一说哪几天写得详细，哪几天写得简略，在表格中把各部分的详略情况标注出来。

（学习活动：同桌合作标注，汇报标注情况。）

师：课后请你也设计一个表格，按时间顺序填写家乡春节的习俗和有关活动，并和家人讨论一下，给重点的习俗活动标上"详"字，其他标上"略"字。

（学习活动：课后设计表格，讨论详略安排。）

表 2-2　　东莞 的春节

时间	人们的活动
腊月十六	吃尾牙（略）
腊月十七—腊月二十三	大扫除（略）
腊月二十四	祭灶王、扫尘土、贴春联（详）
腊月二十五—腊月二十九	洗邋遢、剃头（略）
除夕	吃年饭、守岁、逛花市、卖懒（详）
正月初一	祭祖、拜神、放炮仗、登黄旗山（详）
正月初二	开年、开灯、放生（略）
正月初七	吃及第粥（略）
元宵节	吃汤圆、看花灯、猜灯谜、舞麒麟、赏戏曲（详）

这个教学片段来自周老师的一节常态课——统编教材六年级下册第1课《北京的春节》。周老师的这节课不是为了观摩与展示，而是为了指导年轻教师如何备课。

我们先来关注语文要素。教科书在单元导语中，围绕阅读、表达两个方面明示本单元的重点语文要素，分别是：1.分清内容的主次，体会作者是如何详写主要部分的。2.习作时注意抓住重点，写出特点。而课后的思考练习题则落实本单元的重点语文要素。"语文园地"中的"交流平台"则对本单元的学习方法进行回顾与总结。

周老师能精准把握语文要素，设计学习活动支架，提供学习活动建议，引导学生借助"表格"这一直观的形式，以同桌合作的方式梳理课文脉络，由整体入手，把握课文的主要内容，为后面分清内容的主次、深入学习课文详写的部分做好铺垫。

紧接着,周老师结合课后练习,在把握课文内容的基础上,再次借助表格,引导学生明确课文的详略安排。

很多老师到这一步就停止了,但周老师多走了一步,他请学生课后设计表格,按时间顺序填写家乡春节习俗,并和家人讨论详略,从而第三次借助表格,实现由北京的春节到家乡的春节内容上的迁移。两个表格紧密联系,共同指向习俗,共同体现着结构,也共同服务于第2课时之后的习作。

这就是"要素·活动"式教学,它让学生经历真正的学习发生的过程,它是落实"语文要素"的有效路径与策略。

第三讲　学习活动

第一节　学习活动的概念

在上一讲中,我们就语文要素的认识、梳理与落实等内容,进行了详细的讲解。在这一讲中,我们将和大家谈谈另一个关键词:学习活动。

为了明确学习活动的概念,笔者想从两个方面来讲一讲。首先,我们尝试着,给学习活动下个定义。

一、学习活动的定义

其实,要给"学习活动"下定义并不容易。

笔者进行了大量的文献查找,找到了一个学术界使用较为广泛的定义:"学习活动是指教师为了达成特定学习目标而进行的操作总和。"提出这个观点的是北京师范大学的杨开诚教授。可能是太专业了吧,对于这个观点,笔者还是有些疑惑不解。比如,这么说来,学习活动的主体是谁?难道是教师?为什么要强调"总和"?部分的操作,就不是学习活动吗?

老师们的许多词语,看上去谁都懂,但真正要做严谨周到的解释时,却发现很难讲清楚。所以,笔者还是试着用自己的方式,为大家做个解释。

要理解"学习活动",首先需要明确"活动"的概念。在《汉语词典》中,"活动"一词有多个解释。不同语言环境下有不同的意思。比如说,坐久了,需要活动活动筋骨;这个活动是"运动"的意思;比如说,想把这事情办成,可能需要去活动活动,这个活动是"钻营"或者"行贿"的意思。那么,"学习活动"中的活动,应该是以下这一条解释。

活动:为达到某种目的而采取的行动:野外～|文娱～|体育～|政治～。

基于此,"学习活动"的定义,自然就是"为了学习而采取的行动"。

基于此,"语文学习活动"的定义,自然就是"为了学习语文而采取的行动"。

我们可能发现,这个定义还是有些宽泛。原来,从广义上来看,学生为了学习所做的一切事情都是"学习活动"。只要有学习发生,就一定有活动存在。

所以,为了进一步明晰概念,在"下定义"的基础上,我们要做一个工作,那就是"分类别"。

二、学习活动的类型

我们找到了一本专著,名叫《小学课堂学习活动设计与指导》(华中师范大学课程与教学研究所所长、博士生导师陈佑清教授等主编,华中师范大学出版社 2016 年出版)。该书对学习活动做过细致的分类。上述分类,涉及八个类别,非常全面,但也非常复杂。

图 3-1

在这本专著论述的基础上,基于我们自己的研究实际,笔者做了一些整理,提取了对我们的研究有意义的内容。

1. 从参与主体来分类

陈教授的著作中提到,从这个角度来看,学习活动可以分为个体活动、小组活动、班级活动、校级活动。

在本书的论述中,基本不涉及"校级活动",因为我们的研究,主要指向老师的语文课堂教学。

另外,在这个分类的基础上,笔者觉得还可以增加"师生活动"。老师不应该是学生学习活动的旁观者,如果能直接参与其中,能更好地激发学生学习的热情,提升学习的质量。

笔者记得,十多年前,听王崧舟老师上过一节文言文教学课例《两小儿辩日》,他扮演一个小孩,让学生扮演另外一个小孩。王老师和孩子们依托文本的内容,就在课堂上很来劲地"争辩"了起来,那个场景,笔者至今记忆犹新。这就是典型的"师生活动"。

2. 从活动对象来分

前面说的是从活动的主体来分,而这第二种分类方式,所谓从"活动对象来分",其实说白了就是从学习活动的客体来分。

第一类,符号学习活动:以记录在媒体上的内容为对象。阅读、看电影、上网、听故事等。

第二类,操作学习活动:以"物"为对象,实验、观察、制作、绘画等。

第三类,交往学习活动:以他人为对象。对话、讨论、交流、互动、合作。

笔者特别欣赏这种分类方式,这是笔者自己在思考学习活动分类时没有关注的。

3. 按身体部位来分类

这个很好理解,主要用耳参与的学习活动,那就是听;主要用眼参与的学习活动,那就是看,比如观赏、阅读等;主要用嘴参与的学习活动,那就是说,比如朗读、讨论、辩论等,主要用手参与的学习活动,一般有演示、操作、写、画等。要用到全身多个部位参与的学习活动,可能主要是指表演、展示等。

不过,这本书在给学习活动分类时,将"脑"与眼、耳、口、身等身体部位并列,将"思"与听、说、读、写等学习活动并列,笔者不太主张这样分。思考,一种看不见的学习活动,它包含在其他任何一个学习活动之中,只要有学习,当然离不开动脑。

在我们的这个课程中,我们所研究的学习活动,大都是显性的活动。

4. 从综合程度来分

从综合程度来分,学习活动可以分为单一活动和综合活动。

单一活动具有单一的对象或者明确的动作结构,比如听歌、朗读、填表、画图等。综合活动就是将多种形式的活动组合在一起进行。比如辩论赛,其实背后就涉及了资料查找、文稿撰写、朗读练习、现场辩论等多种学习活动。

在《小学课堂学习活动设计与指导》这本著作中,提到了八种分类的角度,除了上述四种之外,还提到了"从活动的目的或任务来分""从活动的时空来分""从活动的手段来分""从活动的方式来分"。这些分类的角度,也有其一定的道理,但是,存在着"把简单的问题讲复杂了"的尴尬,同时也不太属于我们这个培训课程所关注的范畴,所以,不作进一步介绍。

在本节中,我们通过下定义和分类别的方式,明晰了学习活动的概念。在下一节中,我们将进一步探讨学习活动的特点。

第二节 学习活动的特点

在上一节中，我们厘清了学习活动的概念，在这一节中，我们一起探讨学习活动的基本特点。

一、主体性

学习活动的主体，当然应该是学生。我们应该注意，学习活动是相对独立的过程，它不应该是教师教学活动的衍生和附属。

让我们来看一个真实的教学案例。这是统编教材五年级上册《将相和》一课的教学设计，下面给大家呈现这个教学设计的前半部分吧。

> 一、导入新课
> 　　同学们，老师知道你们很喜欢读书，尤其是喜欢了解我国古代的故事。《史记》这本书，你们听说过吗？（生答：听说过。）有所了解吗？（生答：有所了解。）今天，我们要学习的这篇课文就是选自《史记》，有关战国时期的一个小故事。你们想听吗？（生答：想听。）那让我们来学习第12课，（出示课题：《将相和》）齐读课题。

这里面有学生的学习活动吗？当然有，有朗读课题、有回答问题等。这些，从宽泛的意义上来说，也是学习活动。但是，严格来说，这不算真正意义上的学习活动。因为，这一切都只不过是老师教学活动的附属品。学生的所谓朗读课题、所谓回答问题，都是用来配合老师顺利完成教学流程的。

笔者是前不久在某次网络教研活动中看到这个设计的，当时没有直接问执教老师，这到底是叫作教学设计还是叫作教学实录。但是，这份材料的标题上明明写的就是"教学设计"。教学需要设计、学习需要设计，但我们不能这样子把"学生"都给"设计"了啊！

下面，我们再看这个所谓的教学设计的第二个教学环节。

第三讲　学习活动

> 二、交流探讨
>
> 　　师：课前同学们做了预习，将是谁？相是谁？它们之间发生了什么事？（生答：将是廉颇，相是蔺相如。他们为国效力的故事。）
>
> 　　师：具体故事有谁知道？（出示：廉颇很不服气，他对别人说："我廉颇攻无不克，战无不胜，立下许多战功。他蔺相如有什么能耐，就靠一张嘴，爬到我头上去了。我要见到他，得让他下不了台！"）教师随机指导朗读。
>
> 　　师：蔺相如真的就靠一张嘴吗？请同学们再读课文，然后在小组交流，等下请同学来发表你的见解。（生小组合作学习）

　　执教老师在这个环节中，设计了一个学习活动：蔺相如真的就靠一张嘴吗？请同学们再读课文，然后在小组交流，等下请同学来发表你的见解。在布置完任务后，还特地打个括号，注明：小组合作学习。

　　看上去，挺放手的，挺自主的。但是，让我们想象一下，这样所谓的小组合作学习，真的能产生良好的学习效果吗？可怜的学生其实根本不知道自己该干什么，他们会一个个低头看书，等到老师一再催着自己和同学交流时，勉强转过身去，彼此一脸尴尬地轻声说几句话。

　　学习活动的主体是学生，并不等于"放手让学生学"。所谓"放手"有时候是一种不负责任的表现，或者说，不专业的表现。

　　关于刚才这个教学环节，笔者在另外一份教学设计中，看到了更好一些的做法，老师先跟同学们说：正如大家所说的，这样下去，廉颇和蔺相如迟早有一天会闹僵，到那时，赵国可能国将不国了。俗话说，天下兴亡匹夫有责。现在你就是廉颇的属下，你们有责任阻止这场灾难的发生。你现在的任务是劝服正在气头上的廉颇。为了劝好，老师建议大家读读全文，看看蔺相如是不是真的靠一张嘴，没什么能耐？

　　然后，老师出示学习任务：劝说你的上司廉颇，告诉他，蔺相如其实并不是仅仅靠一张嘴，他是有能耐的。

　　老师不只是给个任务就万事大吉了，还给学生提供了学习活动的建议。

> **学习任务：**
> 劝说你的上司廉颇，告诉他，蔺相如其实并不是仅仅靠一张嘴，他是有能耐的。
> **学习活动建议：**
> 1. 一边读一边想，哪些地方你看出了蔺相如并不是仅仅靠一张嘴，他是有能耐的。把这样的词句画出来。
> 2. 有感情地读一读这些内容，揣摩人物特点。可以直接从蔺相如的语言、动作来体会蔺相如的特点；也可以从赵王和秦王的表现跟蔺相如作对比，从而体会蔺相如的特点。
> 3. 摆事实，讲道理，同时注意说话的语气，争取说服廉颇。
> 4. 先分组对话，再请扮演"廉颇"的同学推荐代表全班展示。

学生在这样的学习过程中，成了学习活动的主体，学生有事情做，而且他们知道如何一步步去做。这就是比较理想的学习状态。

主体性，是学习活动最重要的特点。值得我们特别地关注。

二、目的性

上一节中，我们提到过，在词典中，"活动"一词的定义是：为达到某种目的而采取的行动。从这个定义来看，我们就能清晰地感受到，目的，对于学习活动有多么重要。没有目的的学习活动，简直不能称之为学习活动。

课改初期，我们经常看到一些语文课上，老师组织学生热热闹闹地唱啊跳啊画啊，看上去挺漂亮的。但是，最大的问题就是"目的性"缺失，导致学习活动流于形式。一节课下来，学生不知道学了些什么。

其实，学习活动漂不漂亮并不重要，最重要的是要有用。也就是说，要能有效地帮助学生达成学习的目标。

记得上个学期，我们教四年级语文园地八的时候，有这样一个学习内容。

> 抄写下面的词语,注意加点的字不要写错。平时还有哪些字容易写错?和同学交流。
>
> 茂盛　投降　赞叹　麻雀　胸怀　既然
> 暮色　拨打　裤子　出塞　富饶　严厉

其实,题目中,已经给出了两个关于学习活动的建议:1.抄写,2.交流。那么,如何让抄写和交流的目的性更强一些呢?笔者大概是这样操作的。

第一步:笔者让学生准备两支笔,一支黑笔和一支红笔。慢慢地抄写,每一个词语抄写一遍。抄写词语的时候,用红笔标出自己觉得容易错的地方。

第二步:抄完后,说说自己将哪里标红了。再看看同学的,看看他将哪里标红了。

第三步:除了书上这些,你又想起了哪些你曾经错过多次的字?请照着刚才的形式,写两个。

第四步:指名多位学生上黑板,用红色和白色两种粉笔,写一个字。

第五步:从黑板上同学写的字中,找一个你觉得容易错的字,抄写在语文书上。

以上的活动,简简单单,但是扎扎实实,全部指向于识记和辨析容易写错的字。因为学习活动目标明确、集中,所以,学生都能学得比较好。另外,很有意思的是,这个过程中,并没有发现老师教了什么。学生完全可以在活动中,自己学。

三、内在性

学习活动外在表现为听说读写、操作、游戏等行为,但是,我们需要认识到,其本质上是以认知活动为核心的一系列心理活动的过程。在设计学习活动的时候,最需要关注的是学生心理认知的转变,我们要让学生通过学习活动,经历从不会到会、从不懂到懂,从感受不深到感受深刻的过程。也就是说,我们要通过对于学生学习"行动"的设计和实施,达成让学生"心动"的目的。

例如:《山中访友》一课,学习重点是"想象和联想",笔者在教学的时候,没有直接让学生一再地朗读、感悟,也没有让学生谈想象和联想的妙处。笔者反其道而行之,设计了一个活动:如果没有想象和联想,将会怎样?请修改课文。

第一段的课文原文是:

走出门,就与微风撞了个满怀,风中含着露水和栀子花的气息。早晨,好清爽!

学生改成了:

早上,感觉很清爽,我走出门去,风里还飘着花香。(那个"与微风撞了个满怀",因为包含着"想象和联想",学生只能删掉。)

第二段的课文原文是:

不坐车,不邀游伴,也不带什么礼物,就带着满怀的好心情,踏一条幽径,独自去访问我的朋友。

学生改成了:

不坐车,不邀游伴,也不带什么礼物,就带着满怀的好心情,踏一条幽径,独自去山里面看风景。(学生说,这么一改,啥味道都没了,但笔者逼着他们继续改。)

第三段的课文原文是:

那座老桥,是我要拜访的第一个老朋友。啊,老桥,你如一位德高望重的老人,在这涧水上站了几百年了吧?你把多少人马渡过对岸,滚滚河水流向远方,你弓着腰,俯身凝望着那水中的人影、鱼影、月影。岁月悠悠,波光明灭,泡沫聚散,唯有你依然如旧。

学生改成了:

在山里,我首先看到了一座老桥。老桥真的很老了,可能有几百年了。老桥弯弯的,行人从桥上走过,鱼儿从桥下游过,月亮的影子倒映在桥下的水面上。多少年过去了,老桥还是曾经的样子。

学生改得很难受,他们说:"老师,去掉文中的想象和联想,真的感觉很板,没有什么味道了。"笔者说:"你们平时写的许多文章,其实就是这样子的呀——今天,我去公园玩,我看到了一个湖,湖水很平静,几只小鸭子在湖上面游着……"学生恍然大悟,他们知道了,以后写这种描写景物的文章时,一定要记得多运用想象和联想。

在这个过程中,老师不需要向学生提任何问题,只是设计了一个能触动学生思维和认知的实践活动,学生在完成学习活动的过程中,一切都水到渠成了。

第三节　学习活动的设计

在上一节中,我们从三个方面,谈了学习活动的基本特点。那么,如何设计学习活动呢？笔者也想从三个方面,讲讲笔者的看法。

一、让更多学生真实地参与

经常听课,笔者有个发现。要看一节课的好与不好,其实最好是坐在教室的侧前方去观察,因为坐在教室的前面,能看到每一个学生的学习状态,能看到每一个学生的眼睛。

单位时间里,有多少学生在真实地参与学习活动,有多少孩子的眼睛是放光的,这,是判断一节课好不好的最有价值的指标。

让更多学生真实地参与。这句话里面,其实包含了两层意思。第一,参与的人数；第二,参与的质量。我们在设计学习活动的时候,就要多想想这两点。

我们经常调侃说,某某的语文是体育老师教的。笔者在学校也经常去听体育课,发现,体育课的很多做法还真值得我们语文老师学习。体育老师上课的时候,绝不会讲太长时间,他们知道,与其自己滔滔不绝地讲,不如给机会让学生自己去练习、去感受。

笔者在学校曾负责过一个关于"课堂观察"的课题,在做这个课题的时候,曾让老师们填过这样一个表格。我们发现,多数语文课,老师讲的时间都在20多分钟,甚至将近30分钟,这说明我们没有好好设计学生的活动,只想着自己一路讲下去。

学生如果单单以听讲的形式参与课堂,思维不可见,学习效果很难检测；如果依靠问答来推进教学,虽然经常有学生举手回答问题,但是毕竟单位时间内只能有一个学生说话,学生参与度其实非常低。

如何让更多的学生真实地参与呢,笔者经常跟老师们说,不要讲那么多,给学生一些支架就好！学习支架,就好比学习上的梯子,能帮助学生顺利穿越"最近发展区",以获得更进一步的提升,通过支架的帮助,学习过程被内化,管理学习的任务逐渐由教师转移给学生自己。

比如，上一讲中提到的，老师设计的那个"劝说廉颇"的环节，就是一个很好的学习支架。通过这一支架，学生在完成"劝说"任务的过程中，深刻地感受了主人公蔺相如的能力和品质。

学习支架，往往外显为可见的一些学习单、表格、导图，或者是一些参与性比较强的任务、活动。在同一时间里，所有学生都可以参与学习。所以，这种形式特别值得我们去探索。

二、让学习活动融入真实情境

建构主义认为，知识不是通过教师传授而获得的，而是在一定的情境中，学习者借助其他人（包括教师和同伴）的帮助，利用必要的学习资料，通过意义建构的方式而获得的。

我们为什么要强调学习活动的"情境性"呢？

首先，我们要让学生明白，他们所学的东西是有用的，是可以解决生活中的实际问题的。书本上的知识毕竟是符号化的，那么，孩子们每天所学的知识，跟真实的生活是怎么连接的？我们就需要"情境"这一座桥梁。

其次，我们如何让学生在学习知识的时候，更容易理解，更容易迁移、弄懂、弄通呢？这也需要情境。没有真实情境的介入，就很容易导致高分低能、有分无德、唯分是图。真实情境的实质，其实就是真实的任务。以高中语文为例，高中的课标明确提出了语文课程中的"任务群"。任务群，其实就是真实情境下的一个个的学习活动。

最后，语言文字运用本身就蕴含着真实情境。什么叫语文学习？语文学习就是用语文的方式做语文的事。

如果能让学习活动在真实情境中发生，学生的学习状态和学习效果都会极大地提升。

上个学期末，教到"学习写信"这个内容时，刚好碰上我们班的实习老师回大学去了。笔者抓住这个契机，让"写信"这个学习活动，学得真实，学得有效。

一、布置任务

　　前几天,我们的实习老师回她的大学去了,请写一封信给她吧。老师会选择写得比较好的信,寄给她。她可能会给你回信哦!

二、提供支架:写信的格式

　　1. 读教材里面的范例。这封信不长,全班朗读一遍。

　　2. 准备统一的稿纸,完全按照书上的格式,抄写这封信。

　　3. 认识书信各部分名称与位置要求。

三、布置家庭作业:写一封信给实习老师

四、检查修改

　　1. 快速阅读全班的信,不作修改。挑出较好的和较不好的,分成两类。

　　2. 告知学生:挑出的信,将寄出去,不太好的,可以重新写,合乎要求了,明天一起寄。

　　3. 部分学生重新写。

五、寄信

　　1. 自制一个信封,回家请教家长,填写信封的各部分内容。邮票处可以画一张小画代替。

　　2. 全班的信收齐了,放在一个大信封里面。

　　3. 请学生选出一个代表,在投影仪器下书写大信封。

　　4. 快递寄出。

二、让学习活动成为"系列程序"

　　学习是循序渐进的过程,学习活动也需要遵循这一规律。越是精细、越是进步的技术,越是表现为明显的程序性。学习活动不是孤立的、零散的、随意实施的活动片段,我们特别希望看到,老师们在设计学习活动时,能呈现出清晰的条理,先做什么,再做什么,最后做什么。

　　听我们工作室指导老师熊莺的课,我们会有很强烈的感受,她对于学生的学,设计得特别巧妙。她是如何一次次呈现阶梯性的训练,帮助学生学懂、学会。举一个非常简单的例子:"看拼音写汉字"的综合复习卷。学习目标当然是让学生巩固生字词。对于这一份复习卷,我们每一个语文老师都非常熟悉。我们一般是怎么设计学习活动的呢?可能大多数老师会觉得,做这么一张卷,还用得着"设计学习活动"?一般来说,我们基本上就是按照以下流程来完成的:发卷、全班答卷、交卷、教师阅卷、学生订正。按照这样子的流程,一般需要两天才能完成,而且老师非常辛苦。

有没有更好一些的做法呢?笔者曾试过这样做。

> 1.调查:最近五次听写全对的同学免做卷,学生作答。
> 2.改卷:在同学答卷的同时,走到同学身边帮忙改卷。只要同学做完了一课的题目,即可马上改这一课。
> 3.增加改卷人数:完成了试卷一半内容,而且全对的同学,后面内容免做,参与改卷。
> 4.订正:做完的同学,马上订正,订正完后,自主阅读。

这样一来,在一节课中,大多数学生便已经完成了,而且,老师非常轻松。

大家发现吗?这样的教学,并没有什么语文专业研究的深度,但是为什么效果很好,甚至可以说事半功倍呢?其实,就是因为老师规划好了学生学习活动的程序。

在这一讲中,我们谈了设计学习活动要注意的三个方面。希望能对大家的教学有所启发。在接下来的课程中,我们将紧扣统编教材的语文要素,为大家呈现更多关于学习活动设计的案例与思考。

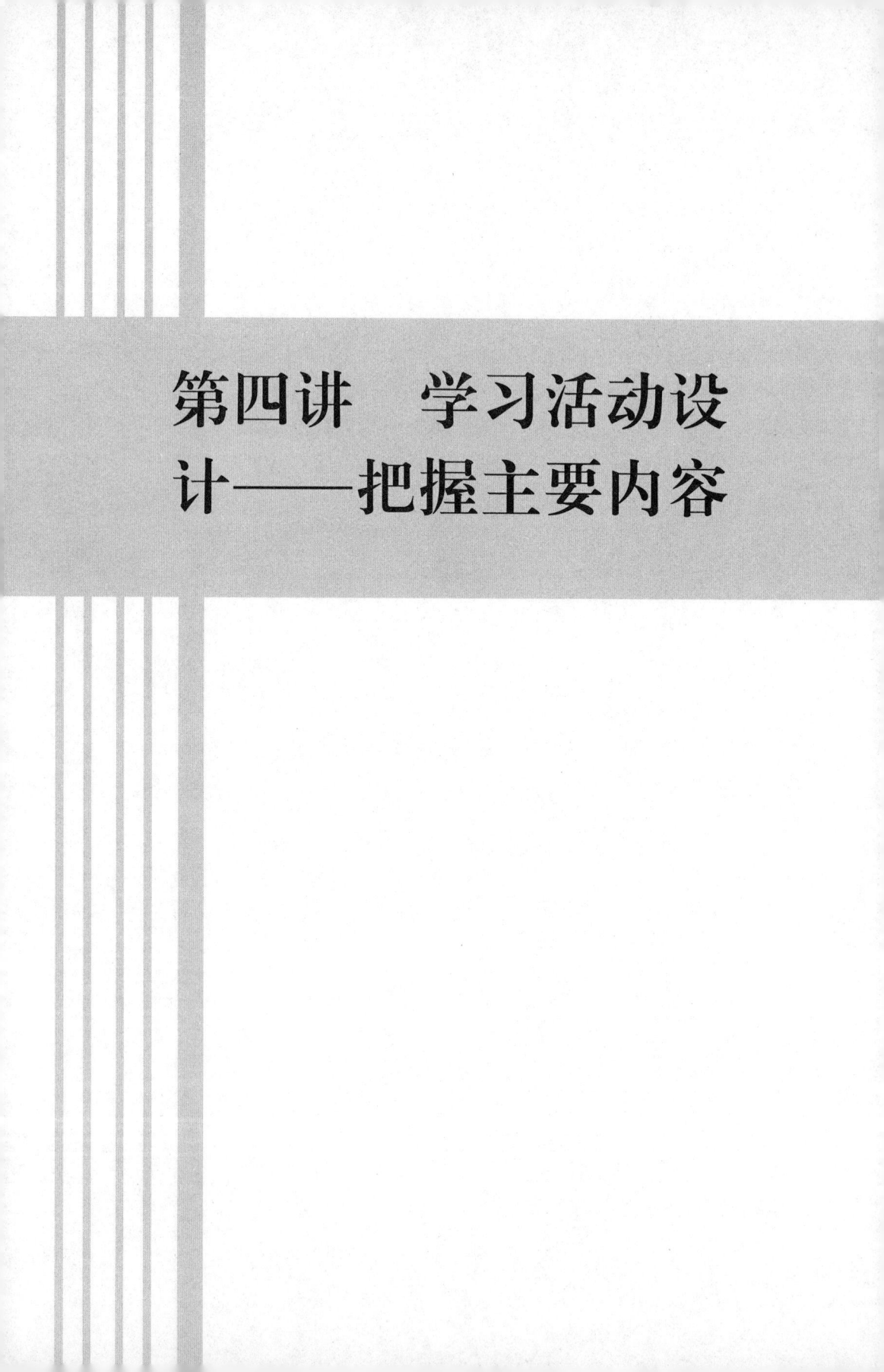

第四讲 学习活动设计——把握主要内容

第四讲　学习活动设计——把握主要内容

第一节　"把握主要内容"要素解读与教材梳理

一、基于词典的解释

《现代汉语词典(第6版)》对"主要"一词的解释是:有关事物中最重要的,起决定作用的。主要内容就是文章中选用的具体材料主要讲了什么。

把握主要内容是一项基本的阅读能力,是指对文章具体材料的感悟、体验和归纳,理清楚文章主要讲了什么内容。

二、基于教学的阐释

我们来看看2011年出版的《语文课程标准》对把握主要内容是怎样要求的?

《课程标准》在第二学段中明确提出,"能初步把握文章的主要内容,体会文章表达的思想感情。"

第三学段中指出,"阅读叙事性作品,了解事件梗概,能简单描述自己印象最深的场景、人物、细节,说出自己的喜爱、憎恶、崇敬、向往、同情等感受。阅读诗歌,大体把握诗意,想象诗歌描述的情境,体会作品的情感,受到优秀作品的感染和激励,向往和追求美好的理想。阅读说明性文章,能抓住要点,了解文章的基本说明方法。阅读简单的非连续性文本,能从图文等组合材料中找出有价值的信息。"

《课程标准》,就是我们的方向标。

三、基于教材的梳理

那么,在统编教材中,又是如何把《课程标准》对"把握主要内容"这些要求落实到位的呢?

指向 语文要素的学习活动设计

接下来,我们就来梳理一下教材,看看统编教材如何做到在不同的年段,不同的单元,对"把握主要内容"这一语文要素进行指向清晰、层次递进的训练。

大家先看一下笔者梳理的"统编教材'把握内容'要素发展序列"表。

表 4-1

册次	单元	语文要素
一上	第八单元	找出课文中明显的信息
一下	第七单元	根据课文的明显信息作简单判断
二上	第六单元	借助词句,了解课文内容
二下	第六单元	提取主要信息,了解课文内容
三上	第六单元	借助关键语句理解一段话的意思
三下	第三单元	了解课文是怎么围绕一个意思把一段话写清楚的
三下	第四单元	借助关键语句概括一段话的大意
三下	第七单元	了解课文是从哪几个方面把事情写清楚的
三下	第八单元	了解故事的主要内容,复述故事
四上	第四单元	了解事物的起因、经过、结果,学习把握文章的主要内容
四上	第七单元	关注主要人物和事件,学习把握文章的主要内容
四下	第六单元	学习把握长文章的主要内容
五上	第三单元	了解课文内容,创造性地复述故事
五上	第八单元	阅读时注意梳理信息,把握内容要点
六上	第六单元	抓住关键语句,把握文章的主要内容
六上	第八单元	借助相关资料,理解课文主要内容
六下	第二单元	了解梗概,把握名著的主要内容,就印象深刻的人物和情节交流感受

综合表格看完,我们把这个表格按照不同的年段,拆分出来看看。

我们先来看看一二年级。一年级上册第八单元,是这样要求的:找出课文中明显的信息。到了下册第七单元,提高了一点要求,根据课文的明显信息作简单判断,要求孩子们不仅仅是找信息,还能主动去思考问题,形成自己的判断。二

第四讲 学习活动设计——把握主要内容

年级,在上册和下册的第六单元,都建议孩子们去了解课文内容,先借助词句,再学会提取信息。

通过这个表格,我们可以知道,一二年级对这一要素的训练,重在学生"提取主要信息,了解课文内容"。

三年级,对"把握主要内容"这一要素的训练主要体现在对一段话的训练上,第三单元落实"了解课文是怎么围绕一个意思把一段话写清楚",第四单元承接第三单元,继续发展这一要素,"借助关键词句概括一段话的大意"。第七单元,学习重点是"了解课文是从哪几方面把事物写清楚的",通过这一单元的训练,为后面第八单元的"了解故事的主要内容,复述故事"奠定了基础。

在四年级上册安排了两次训练,第四单元重在"了解故事的起因、经过、结果,学习把握文章的主要内容",第七单元中重在"关注主要人物和事件,学习把握文章的主要内容"。从"一件事"到"多事件",是能力训练的一次递进。

四年级下册第六单元,引导学生概括长文章的主要内容,提出"学习怎样把握长文章的主要内容,按照一定的顺序把事情的经过写清楚。"如何把握呢?主要通过引导学生学习运用小标题,大致了解每一部分的主要内容,进而把握全文的主要内容。

在这里,大家有没有发现一个很有意思的词语,是的,"长文章"。从一二年级,了解较短的文章的主要内容,再到四年级下册首次进行概括长文章的主要内容,从"短文"到"长文",文章的篇幅发生了变化,这又是训练概括能力的进一步提升。

在五年级上册第八单元中,提出了阅读训练的要素:根据要求梳理信息,把握内容要点。这里提出的"梳理信息"是指把文中的信息加以提取之后,进行分类,同一类别的归整起来,进行有效的整合,最终帮助理解内容的要点。以往是提取信息,就可以了解课文内容,现在课文中的各种信息增多,需要进行筛选-归类-整合,才能更好把握内容要点。

六年级上册第六单元中,提出"抓住关键句,把握文章的主要观点",旨在培养学生提炼要点、推理判断、整体把握的能力。抓住一些关键词句,进行提炼,来理解文章的主旨,其实我们在五年级已经学习过,六年级为什么还要再次提出?我们来看看这个单元的课文。这个单元的第一课是古诗三首,第二课是说明文

《只有一个地球》，第三课是散文《青山不老》，第四课是诗歌《三黑和土地》。这个单元，实现了从"单一文体"到"多种文体"的横向训练。

第八单元的阅读训练要素是"借助相关资料，理解课文主要内容"。可以教会学生通过图书馆、网络、报刊等方法初步感知课文，借助课文插图、注释、资料袋、阅读链接等方法更好地理解课文。从读懂现有的文字，发展到了借助补充的资料，或者查找可以补充来辅助理解的材料。这一概括能力的习得，对学生学习时代背景强的文章会有很大的帮助。

六年级下册的第二单元，提出了"了解梗概，把握名著的主要内容"的阅读训练要素。了解梗概，可以运用"起因、经过、结果"三要素，厘清梗概的层次，在四年级上册，训练过这一方法。学生还可以运用四年级学过的借助小标题提炼事件，运用五年级学过的梳理来理清"梗概"中介绍的事件。梳理的目的是为什么？是为了与原著比较，便于发现，在写名著梗概时，事件是有选择的，重点叙述引起人物性格或命运转变的关键事件。这个时候，我们会发现，教材到了六年级，更加重视综合运用各种手段来把握主要内容，这是从"单一化的手段"，发展到"综合性地运用各种手段"。

这样细细地梳理一番，不难发现，统编教材的确在不同的年段，不同的单元，对"把握主要内容"这一语文要素进行指向清晰、层次递进的训练，培养相应的能力。

第四讲　学习活动设计——把握主要内容

第二节　"把握主要内容"的教学建议

把握文章主要内容是阅读的一项重要能力，它需要学生在阅读过程中提取信息、作出解释和整体把握。如何习得这种能力呢？

一、确定明晰的能力序列

目标清晰才能有的放矢。要遵循"前有铺垫学习，后有巩固提高"的语文学习规律，从第一学段开始，一步一个脚印，前后学段互相连接，逐步养成"把握文章主要内容"的能力。

第一学段即一二年级，这个阶段是学习把握主要内容的起始阶段，在这个阶段，孩子要认识并掌握六种简单句型（谁干什么，谁是什么，谁怎么样；什么干什么，什么是什么，什么怎么样）知道一个自然段有几句话，每句话说的是什么意思；第二学段中，三年级上学期从读懂一个自然段的意思过渡到能概括自然段的中心意思，到了三年级下学期，能知道文章的"部分"的定义，初步学习概括各"部分"的主要意思，四年级上学期能概括各"部分"的主要意思，四年级下学期则学习把文章各部分的主要意思连接得通顺连贯；到了第三学段，五年级能初步把握文章的主要内容，最终达成六年级的终结性目标：能把握文章主要内容。

二、采用适宜的训练策略

由于梳理条理和概括能力的养成在不同的学段有不同的要求，所以要采用的训练策略也要各有侧重。

第一学段：一二年级重在对阅读内容的感知，训练策略主要有：1.图文对照，能找出与图对应的部分，以体现读懂词句以及对课文内容的理解。2.图文对照，打乱插图顺序整理，感知条理。3.由教师概括自然段意思或各部分内容，初步感知一个自然段或者一个意义段表达一个主要意思的要求。

第二学段：三年级重点训练对段意的把握，可以借助关键语句的提示进行概括，或者老师提供课文重点内容，让学生找出对应的自然段归并为一个部分；然后指导读懂余下的课文,运用同一个主要意思的自然段归并为一个部分的方法,梳理余下课文。四年级侧重于意义段的归并,了解四种写作顺序及其特征。能概括意义段的主要意思。知道概括课文主要内容的方法,学习概括课文主要内容。

第三学段:五六年级需要知道时间推移、地点转换、事情发展顺序和内容性质分类顺序等写作顺序及其特征,能借助顺序给课文划分部分,并概括各部分的主要意思,揣摩课文表达顺序。在此基础上能概括课文主要内容。

表 4-2

阶段	第一学段	第二学段		第三学段
		三年级	四年级	
目标	感知	学习梳理条理,能概括自然段的意思。	继续学习梳理条理,能概括一个部分的主要意思,学习概括主要内容。	能梳理条理,能概括各部分的主要意思和概括主要内容。
策略	1.图文对照,能找出与图对应的部分,以体现读懂词句以及对课文内容的理解。 2.图文对照,读懂词句理解课文内容的过程中,打乱插图顺序整理,感知条理。 3.由教师概括自然段意思或各部分内容,初步感知一个自然段表达一个中心意思、一个部分表达一个主要意思的要求。	1.知道一个自然段表达一个中心意思,能概括自然段的意思。 2.知道一个部分表达一个主要意思;知道讲同一个主要意思的自然段应归并为一个部分。 3.老师提供课文重点内容,学生找出对应的自然段归并为一个部分;然后指导读懂余下的课文,运用同一个主要意思的自然段归并为一个部分的方法,梳理余下课文。	1.明确知道一个部分表达一个主要意思;知道讲同一个主要意思的自然段应归并为一个部分。 2.老师提供课文重点内容,学生找出对应的自然段归并为一个部分;然后指导读懂余下的课文,运用同一个主要意思的自然段归并为一个部分的方法,梳理余下课文。 3.了解四种写作顺序及其特征。 4.能概括部分的主要意思。知道概括课文主要内容的方法,学习概括课文主要内容。	1.知道时间推移、地点转换、事情发展顺序和内容性质分类顺序等写作顺序及其特征,能借助顺序给课文划分部分,并概括各部分的主要意思,揣摩课文表达顺序。 2.能概括课文主要内容。

第四讲　学习活动设计——把握主要内容

三、搭建有梯度的学习支架

搭建有梯度的支架,可以帮助学生顺利过桥。常见的方法有以下几种。

(一)抓住句子改一改

有的文章结构上有总起句、总结句、过渡句,或内容上有中心句,这些句子往往提示了全段或者全篇的主要内容。摘录这些概括性的语句,稍加改动,就可以成为全段(篇)大意。

比如三下《小虾》第3自然段,直接摘抄中心句就可以作为全段大意:缸里的小虾十分有趣。

有时候中心句只起提示的作用,还需要改和"串"。比如十二册的《藏戏》《一夜的工作》等课文都含有中心句,只要引导学生们将这些中心句改头换面,就是文章的主要内容。以《藏戏》一课的教学为例,本课的前三个自然段是以三个反问句呈现的,这三个反问句其实就是课文的中心段。在教学时利用中心段的"改妆"轻松地引导学生们把握文章的主要内容:首先请将课文开头的三个反问句改成陈述句。再用"是……是……还是……"这组关联词语将它们连起来就是文章的内容内容。

课文的中心句是学生们把握主要内容的重要抓手,教师引导学生们简单改变或引用中心句进行语言表达上的重组,就可以实现准确地概括课文的主要内容的目的。

(二)巧把段意合一合

一般来说,一篇文章由几个段落组成,可以用合并段落大意的方法概括文章主要内容。先理清文章脉络,写出每大段的意思,再根据文章内容分清主次。如果都是主要的,就把段意合并起来;如果有主要的和次要的,则需要抓住主要的,舍掉次要的。合并时,要对各段的大意做适当的修改,删除重复的内容,综合相同的内容。

例如四下的《小英雄雨来》《芦花鞋》等。

(三)要素串联说一说

记叙类的文章,通常都包含着时间、地点、人物、事件起因、经过、结果这六大基本要素。以六要素为主连串连概括段意也是教学中常用的方法。比如四上的《普罗米修斯》这一课,起因是普罗米修斯不忍看到人类没火的悲惨生活,盗取火种来到人间。经过是盗取火种的普罗米修斯受到宙斯的严厉惩罚,但他绝不屈服。结果是大力神赫拉克勒斯解救了普罗米修斯,他终于获得了自由。起因、经过、结果连起来说就是这篇文章的主要内容。

(四)梳理信息连一连

有的文章时间或者事件线比较清晰,可以梳理出关键信息,再把关键信息连起来把握文章的主要内容,比如五上的《忆读书》一课,可以用分条列举法、符号圈画法、列表法等方法梳理信息。以列表法为例,先默读全文,找到共同信息要素,根据要素个数确定共有几列,设计出表头,根据要素出现次数,确定共有几行,接着,合并同类信息,如果需要添加新的信息,请横向填写要素,竖项填写信息,这样根据所列的表格能更直观地把握文章内容。

(五)妙用题眼扩一扩

题目是文章的眼睛,透过题目往往能捕捉到很多课文信息。不少课文的题目,就是文章内容的高度概括。归纳这类文章的主要内容,可以借助课题。首先读懂字面上表达的意思,再根据课文内容把课题扩展成一句完整的话,在此基础上逐步进行丰满,使表达更加完整,更加全面。比如四上《爬天都峰》,引导学生抓"爬"字提问:谁去爬?怎么爬?爬的结果?把问题的答案串起来。

另外,还可以结合文章的不同题材,采用不同的方法,比如:

(1)说明文。"阅读说明性文章,能抓住要点"是《2011版课程标准》在第三学段提出的阅读目标,这一课标目标,体现在统编教科书五年级上册第八单元的导读"阅读时注意根据要求梳理信息,把握内容要点"。把握说明性文章内容要点,既可以用完整的句子表述,也可以用短语表示,只要是能准确概括出要点便可。

(2)记人的课文。阅读这类课文要抓住:课文写的谁?在什么地方?做了什么事?然后概括主要内容。

(3)写景的课文。阅读这类课文要抓住:写的是什么景物?它有什么特点?按什么顺序写的?然后再进行概括。

(4)状物的课文。阅读这类课文要抓住:写的是什么事物?从几个方面写了它的

第四讲　学习活动设计——把握主要内容

特点？怎样写的？然后进行概括。

　　总之，进行"把握主要内容"的教学，必须让学生亲历把握文章主要内容的过程：从释题开始，然后粗知文章大意，再到了解课文内容划分各个部分，接着理解各部分内容概括各部分主要意思，最后把各部分主要意思连起来成为一段通顺连贯的话。通过这样一个阅读理解、概括串联、交流汇报、说理争辩的过程，学生才能得到理解词句能力、理解句段能力、概括能力和表达能力的训练培养，才能得到思维的训练和思维力的培养，才能实现"学阅读"和"学表达"的目的。

指向 语文要素的学习活动设计

第三节　低年级"把握主要内容"学习活动设计

"提取主要信息"是低段语文帮助学生整体把握文本内容的抓手,"了解课文内容"是学生打好阅读基础,习得阅读能力的前提。以小学语文二年级下第六单元《太空生活趣事多》为例,聚焦如何设计指向"提取主要信息,了解课文内容"的学习活动。

一、教学分析

《太空生活趣事多》是部编教材小学语文二年级下册第六单元的课文,它是一篇科学小品文,介绍了太空生活新奇有趣的现象。本单元将"提取主要信息,了解课文内容"作为语文要素落实。这既是本单元的教学重点,也是教学难点。

通读教材,就会发现"提取主要信息,了解课文内容"这一语文要素在本单元的每篇课文的课后习题中都有体现。如《古诗二首》课后题:读下面的诗句,说说你看到了怎样的画面;《雷雨》课后题:朗读课文,说说雷雨前、雷雨中和雷雨后景色的变化;《要是你在野外迷了路》课后题:朗读课文,说说课文里写了哪几种"天然的指南针";《太空生活趣事多》课后题:朗读课文,说说太空生活有哪些有趣的事。因此本课学习活动设计也围绕这一主要问题进行。

二、制订目标

根据本单元的编排特点,本课例将活动目标设为:提取主要信息,了解太空生活的趣事和原因。

三、活动设计

(一)提取信息,"表"解课文内容

由于二年级的孩子还不懂归纳课文内容,因此设计学习表格作为支架,让学生通过"读课文→找信息→圈画词句→小组合作完成表格"的方式来理清课文内容。

在小组完成表格之前,先设计了两个问题,让孩子们通过自读课文,自主思考,从

第四讲　学习活动设计——把握主要内容

文中提取主要信息(圈画词句),再进行小组合作完成表格。这样比较符合二年级孩子的学情,自主思考与小组合作相结合,降低了直接完成表格内容的难度。

(二)归纳信息,"图"解课文内容

由于"提取主要信息",在一年级上册、下册均已接触到并进行了相关的训练。本单元在前期学习基础之上继续强化在阅读中学习"提取主要信息",并且目标直接指向"了解课文内容"。

为进一步梳理信息,设计第二个学习活动如下:"小导游"介绍趣事和画《太空生活趣事图》——小导游介绍趣事是在完成表格的基础上,进行说话的训练,同时进一步明晰课文内容;画《太空趣事图》是结合低段孩子的特点,用画画的方式,图解课文内容,也是用图画这种有趣的方式检测孩子们对"了解课文内容"这一目标的落实情况。

根据要求提取主要信息完成表格是第一步,其次还有归纳信息,整合语言,落实了解课文内容这一目标。在一年级上册第八单元,提出了"初步培养学生寻找明显信息的能力",一年级下册第二单元"找出课文中明显的信息",一年级下册第七单元"根据课文信息作简单推断"。学至本单元,提出"提取主要信息,了解课文内容。"这也是在延续前面要求的基础之上,对学生阅读能力提出更高的要求,为后续中年级培养学生的初步概括能力作铺垫。

附:《太空生活趣事多》教学片段实录

学习活动:提取信息,"表"解内容

活动一:提取信息,"表"解课文内容

1. 围绕趣事,自主学习

师:请看学习要求:(1)默读课文,圈一圈,文中都写了哪几件太空生活中的趣事。(2)哪些地方你觉得特别有趣的,用你的笔画一画。开始吧!

师:大部分同学都已经圈完了,谁来说一说这篇课文都讲了哪几件太空生活中的趣事?

生:讲了四件。第一件是睡觉,第二件是行走,第三件是喝水,第四件是洗澡。

师:第二件概括为"活动"更准确。

师:继续交流,在这几件趣事中,你最感兴趣的是哪一件?

生:我对睡觉这一件趣事最感兴趣。

师:"睡觉"这件事情有趣在哪,趣就趣在在太空中想睡个安稳觉必须怎么样?

生:钻入固定在舱壁上的睡袋里。

师:不然的话会怎么样?

生:一不小心就会飘到别处去。

2. 小组交流,提取信息,"表"解课文内容

师:其实除了睡觉,还有活动、喝水、洗澡也很有趣,接下来同桌合作学习,根据你刚才所画的内容,提取关键信息,完成填表。注意,只提取你认为关键的词语。

表 4-3

趣事	必须怎么做	不然会怎么样
睡觉	绑在睡袋里	一翻身就飘到别处

(1)合作学习

师:同学们!这个表格有三栏,第一栏是"在太空生活中的趣事",第二栏是"这件事必须要怎么做"。第三栏是"不这样做,就会怎么样"。我发现刚才有好多同学啊,写了很长的句子,尝试把这些长句子变短,只提取最关键的词语,把它表述出来就可以了。

(2)交流点拨

生:第二件趣事是活动。

师:在宇宙飞船里活动要怎么样?

生:在宇宙飞船里活动主要靠手臂,不然的话一不小心就会飘到别处去。

师:对,其实课文中,没有说活动的时候不靠手臂会怎么样,但是他已经猜到了,如果不靠特制的扶手或手臂也会飘到别处去。

生:在宇宙飞船里喝水,必须要用带吸管的饮水袋把水挤到口里,不然的话,即使把杯子倒过来,水也不会往下流。

师:同意吗?

第四讲 学习活动设计——把握主要内容

生:同意。

师:好,接下来还有一件趣事。请你来说。

生:在太空中洗澡必须……必须用免洗湿巾擦拭身体,不然的话从喷头喷出的水总是飘浮在空中。

师:是啊,在太空中洗澡也不是一件容易的事呢!好。这就是我们共同完成的表格,看陈老师的表格,我就没有把完整的句子写上去,我就只写了关键的词句,所以以后我们在完成这种学习表的时候,在课堂上,我们也可以提取关键的信息,关键的词句,让我们知道自己写的是什么意思,明白了吗?

活动二:归纳信息,"图"解课文内容

1. 自由练习,整合信息,介绍趣事

师:好!这就是在太空中生活的趣事,我们已经对太空有了一个初步了解,现在我需要一个小导游给我介绍一下太空生活趣事,你就用表格当中展现的内容,同桌之间互相设计一个导游词。

同桌合作说导游词。

指名汇报。

师:好,哪位同学愿意尝试做小导游?

生:大家好!我是小导游崔恩芯,欢迎大家来太空旅行。在宇宙飞船里,游客们想洗个热水澡,必须得要用免洗湿巾擦拭身体,不然的话即使你把热水打开,水也会飘在空中,这样的话你洗完澡就要花很长的时间清理自己的身体,所以你必须要用免洗湿巾擦拭自己的身体。在宇宙飞船里还有很多有趣的生活趣事,欢迎大家体验,谢谢大家!

师:这个导游借助关键词说得很清楚,听到她介绍的趣事我都很想去体验,还有其他不一样的吗?

生:大家好!我是小导游XXX。欢迎大家来太空旅游,在宇宙飞船里,游客们想在太空中喝水,必须用带吸管的饮水袋。不然的话即(jí)使把杯子倒过来,水也不会往下流。在太空中还有其他有趣的事情,希望你们多多去体验,祝大家在太空度过快乐的一天!

师:哇,好专业的小导游啊。这个是"即(jí)使",记住了吗?再找一位男导游吧。

生:大家好,我是小导游XXX,欢迎大家来太空中旅游,在宇宙飞船里如果想活动必须要靠扶手或其他设施,不然一不小心就会飘到别处去,太空中还有很多有趣的事情需要你们多多观察,祝大家在太空中度过快乐的一天,谢谢!

师:这位小导游不仅介绍了趣事,还提醒大家要多多观察,发现更多的趣事。是呀,在太空中生活就是这么有趣,在宇宙飞船里睡觉,如果不转入固定的睡袋里,一不小心就会——飘到别处去。

师:在宇宙飞船里活动……

生:要依靠扶手或其他设施稳定自己的身体。

师:在宇宙飞船里要想喝到水……

生:得使用一种带吸管的饮水袋,不然的话水不会往下流。

师:在宇宙飞船里洗澡也不是一件容易的事……

生:从喷头喷出的水总是飘浮在空中。

2. 回顾课文,揭秘趣事

师:这就是这篇课文给我们介绍的太空生活中的趣事,造成这些趣事的原因是什么呢?

生:是失重状态。

师:对。我们一起来看一下。(播放视频)

3. 归纳信息,图"解"趣事

(1)根据以往语文园地当中了解到的导览图,画一幅太空生活趣事图。

(2)以小导游的方式把太空生活中的趣事讲给自己的爸爸妈妈听。

第四节　中年级"把握主要内容"学习活动设计

小学中年级是训练学生概括段意的起步阶段,统编教材在三年级阶段三次把段的学习作为语文要素安排在单元阅读提示和语文园地词句段运用训练中。课例《花钟》是小学语文三年级下的第四单元的首篇课文,下面以《花钟》为例来研究中段如何设计指向概括段意的学习活动。

一、承前启后　确定目标

学情是学习活动的起点,教学目标则是学习任务的指向和终点。因此,准确地定位目标要承前启后。纵向看,学生在三上第六单元的"借助关键语句理解一段话的意思"的学习训练中,已经初步了解"关键语句"的内涵,三下第三单元的语文要素是"了解课文是从哪几个方面把事情写清楚的"深化理解,第四单元正式从"理解"走向"概括"的第一步;横向看,第四单元的语文要素是借助关键语句概括一段话的大意,精读课文《花钟》,将方法的学习迁移到能力的运用至关重要,不但要找出关键语句,概括大意;还要知道为什么是这句话,让学生概括思维能力得到训练。

横纵向联系,在大单元背景下,可以得出本课学习概括大意的目标为:精读《花钟》,根据关键语句的提示,学习用直接概括法和提取合并法概括段意。

二、创设情境　合作学习

概括段意属于能力生成类任务,主要通过使学生接触与知识点的运用实例相关的任务来完成。

一般而言,"学的活动"包括五个基本环节:搭建学习支架、进入情境、独立探索、合作学习、评价反馈。

从读懂教材入手,学生各自朗读自己喜欢的花时发现,作者的表达顺序跟我们不一样,他的表达密码在哪里呢?以三年级孩子最喜欢的侦探游戏激趣,引出问题。通过学习单搭架,带领学生从扶学到共学,习得方法,再将方法迁移,自学略读课文,实现

指向 语文要素的学习活动设计

知识到能力的转变。《花钟》一课,孩子需要习得的概括段意的方法有以下几点。

1. 关键语句的直接提取

根据学生已有经验的铺垫,理解自然段中的每句话的意思并不难,确定哪句话是关键词句是学习重点。学习单一"寻找谁是最重要的"设计了思考的路径,提示了学生寻找关键语句的方法。预设学生会在第一句和第二句的选择中纠结,这时老师点拨,将课文重新排序,让学生发现作者写作的顺序,指向的是"一天之内,不同的花开放的时间是不同的。"从而确定关键语句。

2. 关键词提取,合并成段意

有时候,一段话的大意需要根据关键语句的提示进行概括。《花钟》的第 2 自然段正是这样一个挑战。根据关键语句的提示提取重要词句并进行串连合并也是本课的学习难点。因此,这个学习环节中安排了小组合作学习,仍然是借助学习单,在默读自学的基础上引导学生讨论交流,并通过给提炼段意的新方法取名的活动,让学生自己总结出提取合并的方法。

三、方法迁移 形成能力

在教材中习得方法,反复实践,才能形成能力。运用"1+X"的阅读策略,让孩子在初步学习概括段意的基础上,自主略读《小虾》,把《花钟》中学到的教学方法迁移运用,练习概括段意。

另外,通过《花钟》与《小虾》关键语句的对比,让学生明白关键语句可能在一段话的不同位置。如,《花钟》第 1 自然段的关键句是第 2 句话,《小虾》第 3 自然段的关键句是第 1 句话。

附:统编三年级下册《花钟》教学片段实录
学习活动:猜猜谁是最重要的

一、对比不同,激发兴趣

师:这节课我们继续走进《花钟》,去探寻概括段意的秘密。

师:请打开课本。课文的第一自然段介绍了千姿百态的花,请同学们自由朗读一遍,边读边想:我喜欢的是哪种花,为什么?

师:都读完了吗?谁来说一说?

生:我最喜欢的是昙花。因为昙花出现的时间很短,而且很美。

生:我最喜欢的是睡莲,因为它的名字很有意思……

师:每个同学都有自己喜欢的花。可是作者在介绍的时候可不像你们一样东一句西一句的,他是按一定的顺序介绍的,他是怎么做到这一点的呢?我们下面就一起来探寻他的表达密码。

二、猜猜谁是最重要的

师:出示学习单。请同学们默读第一自然段,找一找,想一想这一段一共有几句话,找出它是围绕哪个关键语句来写的,猜猜谁是最重要的,借助这个关键语句说一说这个自然段的段意。能找到关键句子的是三星小侦探,能说出这段话段意的是四星小侦探。

生默读。

师:三星小侦探在哪里呢?

生1:我觉是围绕第二句话来写的。要是我们留心观察,就会发现一天之内不同的花开放的时间是不同的。

师:谁来质疑或是补充?

生2:我的答案跟前面的同学是一样的,但我的理解跟他是不同的。不同的花开放的时间是不同的,它们的时间与下面所写的每种花开花的时间在相互呼应。

师:"呼应"这个词真好。孩子们请看屏幕。老师读方框里的时间,你们读后面的句子,看你有什么样的发现,好吗?

师生对读:

凌晨四点,牵牛花吹起了紫色的小喇叭;五点左右,艳丽的蔷薇绽开了笑脸;七点,睡莲从梦中醒来;中午十二点左右,午时花开放了;下午三点,万寿菊欣然怒放;傍晚六点,烟草花在暮色中苏醒;月光花在七点左右舒展开自己的花瓣;夜来香在晚上八点开花;昙花却在九点左右含笑一现……

师:你发现了什么?

生:我发现了作者是从早到晚的时间来描写的。

师:所以它们都指向了第一自然段中的哪句话呢?

生齐读:要是我们留心观察,就会发现,一天之内,不同的花开放的时间是不同的。

师：所以这句话就是这一段的中心句，也就是关键语句，对吗？可是找到关键语句只是第一步，我们要借助关键语句的帮忙概括这一段话的大意，谁来试一下，这段话主要写什么？

生：这段话主要写一天之内不同的花开放的时间是不同的。

师：借助关键语句概括段意的时候，如果关键语句不够简洁，我们要进行适当的删减。

师：像这样直接从文中提取一个关键语句，借助它来概括段意的方法，我们叫直接提炼法。在这篇课文里面其实还藏着另外一种概括段意的方法，

三、猜猜谁是最重要的，并进行合并

师：读第二自然段，想一想这一段一共有几句话，每句话讲什么？找一找它的关键语句是哪一句或者是哪几句，跟同学议一议怎么概括段意。

学生合作学习。

师：哪个小组来汇报？

生1：我们小组首先是从这一段提取了两个句子"有的植物开花的时间与温度、湿度、光照有着密切的关系"，还有一句是"还有的花需要昆虫传播花粉才能结出种子，它们开花的时间往往跟昆虫活动的时间相吻合"，再把这两句话合并成这一段的中心句。

师：谁来点评或者补充。

生评：我觉得他们回答得很完整，他们说出了他们为什么知道关键语句有两句话。

师：问题来了，这两个关键语句这么长，我们应该怎么概括这一段的段意呢？

生1：我们概括的段意是，"有的植物开花的时间与温度、湿度，关照昆虫传播花粉和昆虫活动的时间有着密切的关系。"

师：有没有不同的意见？

生2：我觉得是这样的，植物开花的时间与温度、湿度、光照、昆虫活动的时间有着密切的关系，不用说"有的"。

师：是的，我们在概括段意的时候尽量做到简洁、精确，非常好。刚才我们运用的方法是先提取关键语句再进行合并，这样的方法我们把它叫作合并法。我们学习了两种概括段意的方法，第一种是（直接提取法），第二种是（提取合并法）。

三、迁移运用,学会概括段意

师:默读《小虾》这篇课文,尝试运用刚才所学的方法概括第三自然段的段意,写在课本上。

生:我觉得这段话主要写缸里的小虾十分有趣,我用的是直接提取法。

指向 语文要素的学习活动设计

第五节 高年级"把握主要内容"学习活动设计

一、如何承接与递进？

学习是一个循序渐进的过程，而语文要素的习得也是一个发展的过程，在不同的年段，同一语文要素，会有不同的训练着力点。因此，指向语文要素落地的学习活动，其设计应当要关注承接与递进。

低年段要将重点放在以同理性的倾听，种下平等与思考的种子；要让学生了解：在课堂上，我可以勇敢地提出我的问题、我的困惑，说出我不会，不被人取笑。

中年段重点放在建立相互学习的横向联系上，学生进行个体和群体性的反思、质疑、批判，从而产生深度理解；全班相互学写的横向联系是学生在与全班的对话与交流中，体会差异，发展自己的思维，促进学生与自我、与他人、与知识之间建立起更多的联系。

高年段重点放在更自主地、合作性地解决较为复杂问题上。学生能够全身心投入到课堂中，充分开展协作学习，与所学的情境、内容、伙伴、媒介等建立起学习意义上的联结，产生问题意识，尝试进行个性化的表达。所以，教师要尽可能多创造一些真实情境的任务，给学生提供真实的思维场景，帮助他们达成学习目标。

二、何为有效的学习活动？

"学习"伴随我们一生。学生在学校里的大多数时间都在课堂中学习。但是课堂中的学习真的发生了吗？这是一个值得思考和判断的问题。

为了有效达成学习目标，教师可以设计系列的学习活动，推进学习的过程。也就是说，我们在发展学生语文素养，落实教材语文要素的时候，可以开展语文实践活动，提供相应的学习支架，设计多样化递增式的学习活动，有效达成学习目标。

第四讲 学习活动设计——把握主要内容

那么,何为有效的学习活动呢?我们来看一个统编教材五年级上册的案例。

统编版五年级下册《忆读书》教学片段实录

学习活动:体验真实任务情境,制作"好书推荐"卡

一、体验情境,驱动学习

师:同学们,位于山东烟台的冰心纪念馆即将开始新一轮的纪念日活动,邀请我们在座的小朋友去给他们设计一张"好书推荐卡",这个卡呢,将给每一个进馆的人派一张,告诉他们,冰心奶奶给他们介绍了哪些好书。今天呐,我们就好好地读一读课文,先找一找冰心奶奶到底给大家介绍了哪些好书。请同学们翻开《忆读书》这篇课文。

二、提取信息,填写表格

师:请大家浏览课文,找出语段,然后再细读课文,从课文当中提取冰心奶奶到底介绍了哪些书,每一本书分别又讲了哪些内容,然后在小组里面进行讨论,之后再把信息填到老师提供的表格上。

师:请同学们先看书,找出来冰心奶奶推荐了哪些好书,然后在小组里面进行讨论,把书名、推荐理由,以及推荐的星级都填上去。

三、小组交流,推荐好书

师:同学们,大家都从书上找到了一本或者一本以上冰心奶奶推荐的好书,现在在你的表格里面筛选出你最想给大家推荐的一本书,在小组里面和大家交流一下,说一说你的推荐理由,开始吧!

生:我要介绍的书是《水浒传》,因为这本书包含了一百零八个十分生动的人物性格,讲述了一个官逼民反的故事,其中,我最欣赏的人物是宋江,因为他有情有义,遇到困难时,能帮助别人。

生:我要推荐的书是《西游记》,《西游记》是章回体小说,它描写的是师徒四人,历经九九八十一难,才取得真经的故事,其内容一波三折,吊人胃口,我给的推荐星级是五颗星。

生:我要推荐的书目是《三国演义》,《三国演义》其中包含了分久必合、合久

必分等诸如此类的道理,作者罗贯中用生动的笔触,描绘了一个辗转曲折、情节丰富,令孩童都兴趣盎然的故事,我给的推荐星级是五星级。

四、回归任务,制作卡片

师:同学们,经过交流和沟通之后,你已经有了很想推荐给别人的书,那么,你就代表冰心奶奶,把你想推荐的这本书,制作成一张"好书推荐卡",然后等纪念馆开馆那天,给所有来的客人派一张你的"好书推荐卡",告诉他,冰心奶奶为大家推荐了哪些好书,为什么要这么推荐。下面请同学们拿出准备的画纸。

五、展示卡片,分享交流

生:这是我的读书推荐卡,我推荐的书籍是《红楼梦》,从中你可以看到满纸荒唐言,一把辛酸泪,包含了一个家族兴亡与盛衰。这是我推荐的书籍,谢谢大家!

生:这是我的"好书推荐卡",我要给大家推荐的书是《西游记》,《西游记》的作者是吴承恩,他写的是章回体小说,主要人物是孙悟空、猪八戒、沙僧和唐僧。它的主要内容讲了师徒四人到西天取经,历经了九九八十一难,才取得真经的故事,其内容一波三折,吊人胃口,这是我的"好书推荐卡",谢谢大家!

生:这是我的"好书推荐卡",我推荐的书是《三国演义》,话说天下大势,分久必合,合久必分,几代英雄,拼命打下的江山,最终由司马炎一统三国,这本书里,有许多故事,比如桃园三结义、三顾茅庐、三气周公瑾等,谢谢大家!

生:我要给大家推荐的书是《水浒传》,《水浒传》的作者是施耐庵,推荐星级五颗星,这本书包含了一百零八个不同性格的人物,讲述了一个官逼民反的故事,其中,我最欣赏的是宋江,因为他重情重义,对人们有许多帮助,谢谢大家!

师:同学们,这节课你们是学习的主人,你们在学习活动中锻炼了自己,祝愿你们以后更加优秀!

这个片段是对五年级上册第八单元的《忆读书》这一课进行的学习活动设计。为什么说这个片段的学习活动有效达成了学习目标呢?我们从六个方面来谈一下。

第四讲 学习活动设计——把握主要内容

1. 活动有任务,做到目标明确

这个片段,教师安排了一个任务情境:位于烟台的"冰心纪念馆"即将进行新一轮的纪念日活动,准备邀请同学们参加设计宣传活动,请同学们根据冰心奶奶的读书经历,为大家推广冰心奶奶介绍的好书。

这里的任务,是实际生活中真实而具体的情境,孩子们本来是在课堂上学习的,现在却走进了烟台的"冰心纪念馆",还能为展馆设计宣传活动,这多有意思呀!这样的真实任务,激发了学生的兴趣,在解决问题的过程中,不仅培养了学生的创造性思维能力,同时发展了他们的探究精神。

目标是学习活动的重要指南。片段中,学生进入任务情境,必须完成相应的学习活动目标。这个案例中,学习目标都有什么呢?我们来回忆一下。

第一个,带着问题读课文:冰心奶奶认为什么样的书才是好书?

第二个,协同学习,提取信息,借助表格,用概括性的句子,有效梳理信息。

第三个,成果展示,分享成长。

三个目标,每一个都是指向清晰的任务,关注了学生学习能力的成长。以学习为中心的课堂,要让学生承担自己的学习责任。在课堂学习中,让学生知道自己的学习目标,尤其是理解为什么要这样做,对打开学生的自我系统是非常重要的。因此,将教学目标的语言转化为儿童的语言,让学生理解,通过这节课的学习,我要达到这样的目标。

2. 活动有规则,做到分工明晰

这个片段里,小组内共同规划了阅读步骤:浏览课文,找出相关的语段;再细读,提取关键信息;最后组内交流,整合信息,得出结论。小组的协作学习将会围绕这个规则进行,因为有组长,组长进行了分工安排。

3. 活动有群体,做到抱团发展

这个案例,教师鼓励学生,组成了几个四至六人协作学习的小组。小组成员边交流边讨论,相互协作,共同完成相应的学习活动,并在教师的指导和帮助下,不断调整研究方向,解决出现的过程性困难,确保学习顺利进行下去。

我们会发现,组员们积极互动、帮助与分享,形成一种积极的信赖关系,他们相互之间,组成团队,互相弥补不足,共同发展。

4. 活动有流程,做到操作规范

这个片段的课堂上,老师站在了后台,学生真正成了学习的主人。所有的学习活动,都有明确的步骤,学生只需要按照步骤,有计划地一步步展开。波利亚指出:"学习任何知识的最佳途径是由自己去发现,因为这种发现理解最深,也最容易掌握其中的内在规律、性质和联系。"让学生填写"阅读任务表格"、参与"冰心纪念馆"纪念日活动的"好书推荐卡"的制作,就是一种"再发现""再创造"的过程,有利于促进学生思维的发展。

5. 活动有交流,做到及时反思

学生在课堂上能真正活起来,必须学会充分表达,敢于质疑,虚心请教,合理评价。教师尊重学生的个性,要切实打破对学生思维的束缚,使每个学生都能在原有的基础上得到发展,在学习中最大限度地发挥他们的自主性和潜在的创造力。

这个片段中,教师共设计了组内交流三次,第一次是对阅读步骤的规划,也是方法性的讨论,第二次是组员平等交流提取到的信息,这次的交流,是在基于个人的研究成果——表格填写之后的组内交流,达到互相促进的作用。第三次是交流自己喜欢的一本书。小组间的交流,则是在代表发言环节。这个过程中,教师巡回检查,保证每一个学生都享有平等的合作机会,引导学生思考,找出小组合作中哪些行为是有用的,哪些是无用的,改善合作的效率。

6. 活动有展示,做到成果分享

学生在展示的过程中,会用到多样化的表达方式,包括文字、图画、手抄报、卡片、书签等不同形式。

第五讲 学习活动设计——想象

第一节 "想象"要素解读与教材梳理

小学生的学习和生活离不开想象。想象,是创造力的翅膀,在创造力越来越重要的今天,培养孩子们的想象能力,意义更加重大。这一讲,我们围绕"想象"这个语文要素展开。

一、"想象"要素解读

(一)基于词典的解释

想象,一词在《现代汉语词典》中有两种解释。

1. 对于不在眼前的事物想出它的具体形象。
2. 指在已知材料的基础上,经过新的配合而创造出新形象的心理过程。

从以上的解读中,有两个关键词值得我们注意:"不在眼前的事物""创造出新形象"。

(二)基于教学的解释

《语文课程标准》指出:"在发展学生语言能力的同时,发展思维能力,能主动进行探究性学习,激发想象力和创造潜能。"这与词典的解释不谋而合,直指培养学生的"想象力"。

在小学语文教材中提到的事物,大多都不在学生的眼前,学生要根据文字的描述,在脑海里形成具体的形象,再通过由此及彼的发散思维,创造出新形象。爱因斯坦曾经说过:"想象力比知识更重要,因为知识是有限的,而想象力概括着世界的一切,推动着进步,并且是知识进化的源泉。"因此,通过多种途径来培养学生的想象能力,是每个语文老师都应该思考的课题。

二、"想象"要素的价值

从要素解读中,我们不难发现,想象与创新是分不开的。想象力是智力结构中一个富有创造性的因素,加强想象力的培养,是培养学生创造精神的必由之路。

(一)想象是思维的"摇篮"

语文学科核心素养四大构成要素之一就是"思维能力的发展和提升"。思维是智力的核心,语言是思维的工具。借助语文教材,采取合理的教学方法,引导学生展开丰富大胆的想象,以刺激学生的求知欲和好奇心,在头脑中产生新鲜、奇异、与众不同的想法,从而创造出许多新的形象。因此,让语文课堂成为发展学生思维能力和开发创造潜能的摇篮,有计划、有目的、循序渐进地培养学生的想象能力,为发展学生的思维能力、发掘学生的创造潜能打下坚实的基础。

(二)想象是阅读的"润滑剂"

语文学习是一种阅读学习,阅读学习的重点应放在阅读文学作品上,文字则是文学作品的主要表现形式,作品通过文字来塑造形象、描述社会、反映思想,但文字毕竟只是一种符号,本身不带有色彩。

画家是借线条和色彩来反映社会生活的,音乐家是凭借节奏和旋律来表达感情的。语言艺术作品,既没有绘画作品的直观性"形",也没有音乐作品的直感性"声",但文字这个媒介,却隐含着一种"形"与"声"的结合,如何把这种文学作品中的有形性和有声性挖掘出来?这中间的"润滑剂"就是"想象"。"一千个读者,就有一千个哈姆雷特",这是一句广为人知的艺术名言。因为读者各个不同,有着自己独特的生活阅历和生命体验,所以,透过同样的语言文字会想象出各有特点的哈姆雷特来,通过想象,会使读者不停地产生阅读期待,保持阅读热情。

(三)想象是习作的"翅膀"

习作是小学阶段的重要课题,有些孩子拿到作文题以后,无从下手。说到底,就是缺乏想象力。习作源自生活,但高于生活。个中原因是需要发挥想象,引导学生插上想象的"翅膀",尽情地在习作的天空中飞翔,充分地去感受习作的自由。只有这样,学生才能不拘一格地表达自己的内心,文章才更具可读性。在习作中融入想象,才能更好地发挥语言特色,在习作中加入想象,才能将生活与思维有效融合,才能够取得良好的表达效果。

"小学生是想象大师。"童言无忌,童趣无价,孩童时期是培养想象力的最佳时期,孩子们奇异丰富的想象往往会孕育出奇妙的创新。每个学生都具有丰富的想象力。他们的心理发展正处于想象力培养的黄金时期,这时候如果采用恰当的手段施以经常性的训练,就会收到事半功倍的效果。教师应在教学实践中,充分利用课堂主阵地,因势利导,努力挖掘教材中各种有利因素,培养学生的想象力。

三、"想象"要素的教材编排

在统编教材中,也突显了"想象"的重要地位。从它所占的比例,就可见一斑。在1~12册教材中,单元导读含有"想象"二字的,就有15个单元。

在这15个单元中,有不同的指向性,其中有7个单元指向阅读(如下图),从二年级开始,一直延伸到六年级,每个单元都提出了不同的具体的要求。

表 5-1

关键词	年级	单元	要求	
想象	二上	第七单元	展开想象,获得初步的情感体验	指向阅读
	二下	第二单元	读句子,想象画面	
	二下	第四单元	运用学到的词语把想象的内容写下来	
	二下	第八单元	根据课文内容展开想象	
	三下	第一单元	试着一边读一边想象画面	
	四上	第一单元	边读边想象画面,感受自然之美	
	六上	第七单元	借助语言文学展开想象,体会艺术之美	

有6个单元指向习作(如下图),以"创编故事"为主,鼓励学生写自己想象到的内容,也有直接指向习作的策略单元,如三年级下册第五单元。

表 5-2

关键词	年级	单元	要求	
想象	三下	第五单元	走进想象的世界,感受想象的神奇 发挥想象写故事,创造自己的想象世界	指向习作
	三下	第八单元	根据提示,展开想象,尝试编童话故事	
	四下	第二单元	展开奇思妙想,写一写自己想发明的东西	
	六上	第一单元	习作时发挥想象,把重点部分写得详细一些	
	六上	第四单元	发挥想象,创编生活故事	
	六下	第五单元	展开想象,写科幻故事	

还有 2 个单元是指向特殊文体，一是童话，另一是神话

表 5-3

关键词	年级	单元	要求	
想象	三上	第三单元	感受童话丰富的想象	指向体裁
	四上	第四单元	感受神话中神奇的想象和鲜明的人物形象；展开想象，写一个故事	

下面重点以指向"一边读一边想象画面"的单元为例，说说单元"想象"语文要素的整体把握。引导学生展开想象是小学阶段阅读教学的重要内容，每个阶段的侧重点都不同。《语文课程标准（2011 年版）》中对于想象在各个学段有明确的要求。第一学段指出：展开想象，获得初步的情感体验，感受语言的优美；第二学段指出：注意在诵读过程中体验情感，展开想象，领悟大意；第三学段指出：想象描述的情境，体会作品的情感。从低年级的"想画面"过渡到"从语言中感悟情境"，编排符合《课标》要求，环环相扣，层层递进，呈螺旋上升，逐步推进。

表 5-4

年级	单元	要 求
二下	第二单元	读句子，想象画面
三下	第一单元	试着一边读一边想象画面
四上	第一单元	边读边想象画面，感受自然之美
六上	第七单元	借助语言文字展开想象，体会艺术之美

"一边读一边想象"是阅读教学的重要部分，低中年级侧重于"一边读一边想象画面"，在教材里，主要安排了 3 个单元。高年级则侧重于"借助语言文字展开想象，体会艺术之美"，通过想象，体会语言文字的表达之美。

首先出现的是在二年级的第二单元，这个单元有 3 篇课文，分别是《雷锋叔叔，你在哪里》《千人糕》和《一匹出色的马》。每一课中都落实了"读句子，想象画面"这个教学重点，主要体现在课后练习题中，《雷锋叔叔，你在哪里》要求学生读句子，想画面，再根据课文内容，用自己的话说一说；《千人糕》要求学生借助插图想象，说说米糕是经过哪些劳动才能做成的；《一匹出色的马》要求学生读句子想画面，再把句子抄下来，语文园地中要求学生发挥想象，照样子说一说，把自己喜

欢的景物写下来,这是提出了尝试运用的要求。

三年级下册第一单元就这个要素进行了承接,在单元导语中明确提出"试着一边读一边想象画面"的语文要素。这个单元以"可爱的生灵"为主题,编排了《古诗三首》《燕子》《荷花》《昆虫备忘录》4篇课文。在二年级的基础上,引导学生结合课文内容尝试进行想象,丰富画面,体会作者所表达的情感。

四年级上册第一单元,语文要素是"边读边想象画面,感受自然之美。"这个单元以"自然之美"为主题,编排了《观潮》《走月亮》《现代诗三首》《繁星》四篇课文。承接三年级的要求,提出了更高的要求:"边读边想象画面"能把静态的语言文字转化为形象的画面和场景,帮助读者对文本进行理解,感受文字之美和情境之美。

六年级上册第七单元,语文要素是"借助语言文字展开想象,体会艺术之美。"这个单元以"艺术之美",编排了《文言文二则》《月光曲》《京剧趣谈》三篇课文,从音乐、绘画、戏曲等不同的角度折射出艺术的魅力。本单元侧重于引导学生借助语言文字从不同角度展开想象,进入课文的情境,感受艺术的魅力,以加深对课文的理解和感悟。

第二节 "想象"教学建议

上一节我们对语文要素"想象"进行了解读,了解了"想象"这一语文要素在整个小学阶段的具体分布情况。接下来,我们将从不同年段、不同体裁阐述如何落实"想象"要素的教学建议。杨向东教授曾经说过:"课堂教学里要创设类似的真实情境,也就是我们所说的学习活动设计,这样才能给孩子提供真实的思维场景,才会培养学生获得事实、产生观念、建立事实、观念或问题之间的关联,让学生更加主动地参与学习。"

一、因"段"制宜,设计学习活动

对于学生想象力的培养《语文课程标准》明确指出:要培养学生主动地进行探究性学习,激发他们的想象力和创造潜能,在课堂上精心设计学习活动,让学生在实践中学习和运用语文。

第一学段指出:要让学生展开想象,获得初步的情感体验,感受语言的优美。第二学段指出:注意在诵读过程中体验情感,展开想象,领悟大意。第三学段指出:要求学生想象描述的情境,从而体会作品的情感。

我们要注意这几个维度。低年级的教学重点就是识字写字,那么在学习课文的同时,我们要关注字词以及一些简单的句式,展开想象,来让学生获得一个初步的情感体验。所以低年级"想象"的着力点是:关注词句,体验想象。

那么中年段,我们在设计学习活动的时候,要关注让学生从段落入手,一边读一边想画面。所以中年级"想象"的着力点是:边读边想,想象画面。

对于高年级的想象学习活动,我们要引导学生从篇章着手,了解作者的写作意图,借助想象,来体会意境。所以高年级"想象"的着力点是:借助想象,体会意境。

第五讲 学习活动设计——想象

表 5-5

关键词	年级	单元	要求	不同年段的"着力点"
想象	二上	第七单元	展开想象,获得初步的情感体验	低年段:关注词句,体验想象
	二下	第二单元	读句子,想象画面	
	二下	第四单元	运用学到的词语把想象的内容写下来	
	二下	第八单元	根据课文内容展开想象	中年段:边读边想,想象画面
	三上	第三单元	感受童话丰富的想象	
	三下	第一单元	试着一边读一边想象画面	
	四上	第一单元	边读边想象画面,感受自然之美	
	四上	第四单元	感受神话中神奇的想象和鲜明的人物形象	
	六上	第七单元	借助语言文字展开想象,体会艺术之美	高年段:借助想象,体会意境

综上所述,三个年段着力点各有不同,从词句到段落到篇章,从初步体验到想象画面到深入体会意境。由此可见,统编教材对"想象"这一阅读能力,在不同的年段,不同的单元,进行了指向清晰、层次递进的训练。"想象"这一语文要素的提炼是螺旋上升式的逐步渐进。所以我们要根据不同年段的要求、从不同的着力点来进行落实。

二、因"体"而异,设计学习活动

小学课本涉及的文章体裁有:诗歌、散文、小说、记叙文、应用文、童话、神话,除了记叙文之外,部编版教材对童话、神话的想象进行了着力培养。这就要求教师注意从不同的体裁中,设计语文学习活动,引导学生展开想象。

指向 语文要素的学习活动设计

如三年级上册第三单元就从《卖火柴的小女孩》《那一定会很好》《在牛肚子里旅行》《一块奶酪》这四篇课文感受童话丰富的想象,注重引导学生通过想象,走进角色的内心世界。

童话是儿童文学的一种,作品通过丰富的想象和夸张来塑造形象,反映生活,常采用对自然物作拟人化描写,情节曲折、生动显现,以适应学生心理爱好和对学生进行思想教育。所以在引导学生进行童话故事的想象时,我们的着力点应该顺应学生的年龄特点,把学生和故事角色联系起来设计学习活动。我们可以引导学生顺着生活经验去想,也可以逆着生活经验去想,还可以给童话中的角色变形,从另一个角度去丰富角色。例如:大家很熟悉的《小猪变形记》这个童话故事,老师这样引导,就可以让学生多维度地感受童话故事丰富的想象。例如:《卖火柴的小女孩》可以引导学生想象如果你是那个小女孩,你擦燃火柴时,你想看到什么;《那一定会很好》可以引导学生想象如果你是一颗种子,你想经历一场怎样的奇遇;《在牛肚子里旅行》可以引导学生想象"红头"还可能会在牛肚子里有着怎样的经历;《一块奶酪》可以引导学生想象,如果你是蚂蚁队长,你会怎样指挥把奶酪搬进洞里。总之,童话故事"想象"要素着力点要把学生与故事关联起来,去感受童话丰富的想象。

四年级上册第四单元则从《盘古开天地》《精卫填海》《普罗米修斯》《女娲补天》这四篇神话故事引导学生感受神话中神奇的想象和鲜明的人物形象。

神话是远古人民表现对自然以及文化现象的理解与想象的故事。马克思说:神话是"通过人民的幻想,用一种不自觉的艺术方式加工过的自然和社会形式本身。"它反映出远古人民对世界起源、自然现象以及社会生活的原始性的理解。远古时代的人民由于生产力水平很低,他们认为这些变幻莫测的现象都有一个神在指挥、控制着。所以每一个神话故事中都有一个在人民心中的英雄形象。我们在引导学生对神话故事展开想象时,着力点要从关注神话故事里刻画的人物形象入手。在设计这个单元的学习活动时,注意以下着力点,《盘古开天地》感受盘古鞠躬尽瘁、死而后已的人物形象,边读边想象画面,说说你心目中的盘古是什么样的?让学生找出他认为神奇的地方?《精卫填海》感受精卫意志坚定、不畏艰难的人物形象,她在填海的时候还会遇到怎样的困难?《普罗米修斯》感受普罗米修斯无比英勇、坚强不屈的人物形象,想象他在悬崖上所遭受的磨难。《女娲补天》感受女娲改造天地的大无畏的斗争精神，可以引导学生想象天塌下来的时候，人们遭受的苦难生活，还可以想象女娲是如何冶炼五彩石的。总之，神话故事的想象要素着力点要落到人物形象上去。

以上，从不同年段和不同体裁阐述了"想象"这一语文要素在小学阶段的着力点。"想象"要素的落地生根，必定要依托语文教学活动的设计，由浅入深，环环相扣，让学生在参与体验中，逐步体会和感悟。一线教师要学会科学处理，灵活驾驭，将教材当成开发资源的重要凭借，把握不同年段，不同层次的纵向联系，把握不同文体的指向方向，设计符合教学的学习活动，把"想象"这一语文要素落实到位。

第三节　低年级"想象"学习活动设计

　　学生借助于想象,既能认识有限的现实世界,而且能自由翱翔在神奇的幻想世界。在丰富的想象中,学生的创造能力、创新思维都能得到培养。但低年级的学生由于受到身体和心理因素的制约,对事物认知能力有一定的局限,所以低年级学生的想象还处于一个初级阶段。那么教师在学习活动设计时,遵循低段教学的重点,主要着力点从课文的词句出发,让学生获得初步的情感体验即可。

　　例如:二年级上册第七单元,本单元的教学重点是"展开想象,获得初步的情感体验"。这是小学阶段第一次"想象"语文要素的提出,教学中要循序渐进,体现指导的层次性。本单元围绕"想象"这个主题编排了《古诗二首》《雾在哪里》《雪孩子》三篇课文。《古诗二首》中的想象能让人入情入境;《雾在哪里》中的想象充满童趣;《雪孩子》中的想象美好纯真。课文选材经典,语言生动,充满儿童情趣。

　　下面主要和大家谈谈《雾在哪里》这一课。

　　以统二年级上册第19课《雾在哪里》来进行"想象"语文要素活动设计。

(一)教材分析

　　《雾在哪里》是一个童话故事,作者将"雾"这一人们熟悉的自然现象,描述成小孩子和世界捉迷藏的故事。雾把大海、天空、城市等景物依次藏起,呈现出大雾笼罩下世界一片朦胧的奇妙景象。作者赋予雾以孩子的语言,把云雾缭绕称作"雾藏起了世界",把云开雾散称作"雾藏起了自己",整篇课文显得生动有趣。因此在教学本文时除了让学生掌握生字词外,更重要的是在理解课文内容的基础上,借助课后题,仿照课文句式想象说话,体会雾的顽皮淘气。

(二)教学目标

1.认识"雾、淘"等11个生字。会写"切"字。

2.正确流利地朗读课文,读好雾说话时的语气,体会雾的淘气。

3.会仿照课文例句,展开想象,用"无论……还是……都……"说一说雾来的时候的景色,让学生体会自然景物中所蕴含的生活情趣。

(三)课例片段《雾在哪里》

师:孩子们,在我们的书本中有这样一句话"从前有一片雾,它是个——"

生:淘气的孩子。

师:我也把这个词语写在黑板上,请大家伸出小手。"淘"是我们要求要认的生字,它是什么偏旁?

生:三点水。

师:这是一个淘气的雾孩子。现在老师请全班小朋友来当当这个淘气的雾孩子。

师:你是谁?

生:我是淘气的雾孩子。

师:嗯,我感受到了。

生:我也是淘气的雾孩子。

师:淘气的雾孩子在课文里说了很多很多话,请你们这些淘气的雾孩子来读一读吧!

生:(自由读文)

师:淘气的雾孩子们,谁来读读雾孩子说的话?

师:你想藏什么?

生:我想藏海岸。现在我要把海岸藏起来,雾把海岸藏了起来,同时也把城市藏了起来,房屋、街道、树木、桥梁,甚至行人和小黑猫,雾把一切都藏了起来,什么都看不见了。

师:我也感觉到你很调皮。孩子们,请看这里,这是什么符号?

生:顿号。

师:你看他多得意啊,藏了这么多东西。这个地方请大家加快一点,再请一个孩子来读一读。

生:现在我要把海岸藏起来,雾把海岸藏了起来,同时也把城市藏了起来,房屋、街道、树木、桥梁,甚至行人和小黑猫,雾把一切都藏了起来,什么都看不见了。

师:你可真淘气!还有谁也想来藏一藏?

生:我要把大海藏起来,于是它把大海藏了起来,无论是海水、船只,还是蓝色的远方,都看不见了。

师:都看不见了,嗯,你可真淘气。

生:我想藏自己!

师:好的,那你藏吧!

师:这么多淘气的雾孩子,你们在藏东西的时候心情是一样的吗?

生:不一样。

师:你的心情是怎样的?

生:我很开心。

师:那你开心地读一读吧!

生:我要把大海藏起来!

师:感觉到你的开心了,你的脸上还洋溢着开心的笑容。

生:我觉得我很无聊。

师:那你想读读哪一段?

生:现在我该把谁藏起来呢?我要把自己藏起来!

师:实在是太无聊了,动作、表情、声音都很到位,掌声送给他。

生:我也觉得无聊!现在我该把谁藏起来呢?我要把自己藏起来!

师:没东西藏了只能藏自己了,实在是太无聊了。你们还有别的心情吗?

生:我觉得我很顽皮。现在我要把海岸藏起来!

生:我藏了那么多东西,感觉有点自豪!

师:雾孩子自豪地说。

生:现在我要把海岸藏起来。

师:孩子们,你们感受了那么多不同的心情,那在课文中看到了自豪、高兴吗?

生:没有!

师:可老师却从你们的朗读中感受到了,这是为什么呢?你能不能从这里面发现一些东西?

生:我看到第一段的时候,发现了"无论、还是"这些词语。

师:她观察到了句式的变化"无论是什么,还是什么,都怎么样。"藏了那么多东西,"甚至"行人和小黑猫。

师:用了一些这样的句式,有无论、有甚至,我们也可以感受到心情的变化。

师:孩子们,让我们也来当当雾孩子,看看你想藏什么?你能用上这样的句式吗?"无论(　　),还是(　　),甚至(　　)。"

生:我要把海滩藏起来,无论是高大的椰树,还是美丽的贝壳,都看不见了。

师:你的句子让我有一种画面感。

生:我要把悬崖藏起来,无论是青松,还是雄鹰,都看不见了。

师:你的想象力真丰富!

生:我要把高原藏起来,无论是白白的雪莲,还是奔跑的骏马,都看不见了。

师:大家也可以不说这上面的。

生:我要把篮球场藏起来,无论是奔跑的队员,还是高大的篮球架,都看不见了。

生:我要把马路藏起来,无论是自行车,还是汽车,甚至指挥交通的警察叔叔,都藏起来。

生:我想把花园藏起来,无论是玫瑰花,还是月季花,都看不见了。

生:我想把学校藏起来,无论是老师,还是学生,都不见了踪影。

生:我想把足球场藏起来,无论是球门,还是队员,甚至是足球,都看不到。

师:雾孩子们,你们多能干啊,你们把一切都藏起来了!

(四)课例片段说明

学习活动设计:仿照句式,想象"雾孩子"还会藏什么

学习活动一:找一找:淘气的"雾孩子"藏了什么

在文本里找出"雾孩子"藏了什么?(大海、天空连同太阳、海岸、自己)

指向 语文要素的学习活动设计

学习活动二：读一读，感受"雾孩子"藏东西的时候的心情

多元的朗读指导，有的学生觉得雾孩子很开心，有的觉得雾孩子很自豪地藏东西、有的觉得淘气、有的觉得"雾孩子"很了不起，有的觉得雾孩子很无聊，不同的心情读出不同的语气。

学习活动三：找一找，发现句式"无论……还是……都……"

通过教师提问：同学们，你们说雾孩子淘气、开心、自豪、无聊，那这四段文字中一个表示心情的词语都没有出现，那你是怎么体会"雾孩子"的心情的呢？引导学生发现用了"无论……还是……都……"这个句式。

课件出示

文段一："我要把大海藏起来。"于是，他把大海藏了起来。无论是海水、船只，还是蓝色的远方，都看不见了。

文段二："现在我要把天空连同太阳一起藏起来。"于是，他把天空连同太阳一起藏了起来。霎时，四周变暗了，无论是天空，还是天空中的太阳，都看不见了。

文段三："现在我要把海岸藏起来。"雾把海岸藏了起来，同时也把城市藏了起来。房屋、街道、树木、桥梁，甚至行人和小黑猫，雾把一切都藏了起来，什么都看不见了。

文段四："现在，我该把谁藏起来呢？""我要把自己藏起来。"

学习活动四：仿一仿，想象"雾孩子"还会藏什么

用上句式，我们就可以感受到雾孩子的开心、自豪、甚至是无聊。基于这些，我们再引导学生根据句式来想象说话。

我想把（　　）藏起来，无论（　　　　），还是（　　　　），都（　　　　）。学生结合生活实际、展开想象，表达非常流畅。

设计意图：本单元的教学重点是"展开想象，获得初步的情感体验。"教师首先创设学习活动让学生读出不同的心情，再引导学生聚焦到这些句子的表达形式是为了情感服务的，对于"无论……还…都……"的句式；对于"甚至""一切"包含的情感，就都能够在朗读中体会，有了基于自己阅读经验的发现，学生就能根据这个句式展开丰富的想象。

刚才和大家分享了从句式入手引导想象，接下来，笔者要和大家讲讲低年段的另一个案例，从词语入手来引导想象。

第五讲 学习活动设计——想象

以二年级下册第11课《我是一只小虫子》来进行"想象"语文要素活动设计。

二年级下册第四单元,本单元的教学重点是"运用学到的词语把想象的内容写下来"。围绕"童心"这个主题编排了《彩色的梦》《枫树上的喜鹊》《沙滩上的童话》《我是一只小虫子》四篇课文。四篇课文都是以第一人称来写的,都充满了丰富的想象,但想象的角度各不相同,各具特色。

下面主要和大家谈谈《我是一只小虫子》这一课。

(一)教材分析

《我是一只小虫子》从小虫子的视角观察世界,感受生活,想象丰富而独特。通篇运用拟人化的描写,让读者在不知不觉中走进小虫子的世界,和小虫子一起懊恼,一起快乐。课文结构清晰,以"当一只小虫子好不好"的设问开头,然后用先抑后扬的手法描述了当一只小虫子的"不好"与"真不错"。最后以"我喜欢当一只小虫子"总结全文,照应开头。《我是一只小虫子》这篇课文中,我们则用"免费"这个词语引导学生想象说话。

(二)教学目标

1. 认识"屁、股"等16个生字;读准多音字"泡",会写"屁、尿、屎"三个生字。
2. 能发现"月"字做偏旁时的表意特点。
3. 朗读课文,能运用词语"免费"展开想象,交流小虫子有意思的生活。

(三)课例片段《我是一只小虫子》

师:同学们,伙伴们都说当一只小虫子——

生:一点都不好。

师:不过,我觉得当一只小虫子——

生:还真不错。

师:你们瞧。早上醒来,我在摇摇晃晃的草叶上伸懒腰,用一颗露珠把脸洗干净,把细长的触须擦得亮亮的。如果能小心地跳到狗的身上,我们就能到很远的地方去旅行,这可是免费的特快列车呀!

师:你觉得小虫子的生活怎么样?

生:好!

师:一个好字!还有吗?

生:很好!

师:是呀,你看这生活就像诗一样的美,谁来美美地读一读呢?

生:早上醒来,我在摇摇晃晃的草叶上伸懒腰,用一颗露珠把脸洗干净,把细长的触须擦得亮亮的。如果能小心地跳到狗的身上,我们就能到很远的地方去旅行,这可是免费的特快列车呀!

师:真是一只可爱的小虫子,谁再来读一读。

生:早上醒来,我在摇摇晃晃的草叶上伸懒腰,用一颗露珠把脸洗干净,把细长的触须擦得亮亮的。如果能小心地跳到狗的身上,我们就能到很远的地方去旅行,这可是免费的特快列车呀!

师:哇,真是一只乐观的小虫子。掌声送给他,谁再来配上动作读一读。

生:(加上动作读)早上醒来,我在摇摇晃晃的草叶上伸懒腰,用一颗露珠把脸洗干净,把细长的触须擦得亮亮的。如果能小心地跳到狗的身上,我们就能到很远的地方去旅行,这可是免费的特快列车呀!。

师:你真是一只热爱生活的小虫子,亲爱的小虫子,让我们也跟随音乐,一起走进这美妙的生活吧!

生:全体配乐读。

师:谢谢孩子们。孩子们,小虫子跳到狗的身上,这可是免费的特快列车呀!小虫子舒服地躺在花朵上,这可是免费的小床呀!小虫子还会去做哪些有意思的事情?这又是免费的什么呢?请和同桌说一说,展开你的想象。

生:小虫子快乐地趴在树枝上,这可是免费的猫爬架呀!

师:哇,你会联系生活想象,太妙了!

生:小虫子在蘑菇下,这可是免费的雨伞呀!

师:有趣!

生:小虫子趴在树叶上,顺着水往下漂,这可是免费的轮船呀!

师:这一路的风景可是美极了!

生:小虫子在棉花上欢快地吃着,这可是免费的餐厅呀!

师:让人垂涎三尺!

生:小虫子在荷花上跳舞,这可是免费的大舞台呀!

师:孩子们,你们的想象力太丰富了,把掌声送给自己吧!

(四)重点列举,课例片段说明

学习活动设计:运用"免费"一词,畅想小虫子有意思的生活

学习活动一:创设情境朗读课文

感悟:当一只小虫子还真不错。

老师先提出问题:伙伴们都觉得当一只小虫子一点儿都不好。不过,我觉得当一只小虫子还真不错。通过声情并茂示范朗读,把学生带进小虫子美好惬意的生活画面中。再引导学生去感受:你们觉得小虫子的生活怎么样?从而引导学生进行朗读。同学们带着表情、动作在朗读中充分感受到当一只小虫子真不错。

学习活动二:运用本课生词"免费"展开想象,交流小虫子有意思的生活

"免费"是这一课的生词,老师顺势引导:

小虫子跳到狗的身上,到很远的地方去旅行。这可是免费的特快列车呀!

小虫子舒服地躺在花朵上,这可是免费的小床呀!

小虫子还会去做哪些有意思的事情,这可是免费的什么呢?请展开想象,先和同桌说一说。

小虫子_____,这可是免费的_____呀!

从以上的例子我们不难看出,利用本课生词"免费"引导学生展开想象:小虫子还可以坐着那些免费列车去干什么,感受小虫子有意思的生活。在想象中指导说话,提高学生的想象能力和语言运用能力。这一部分的学习活动设计遵循本单元的语文要素,进行了想象训练。

指向 语文要素的学习活动设计

第四节　中年级"想象"学习活动设计

中年级的学生通过两年的学习,对于文本的阅读、理解已经有了初步的体验,能联系上下文,体会文本关键词句表情达意的作用。中年级的语文要素"想象"则更侧重于试着一边读一边想象画面,体会优美生动的语句。每篇文章训练点既有关联又各有侧重,可基于学生真实的阅读经验,在自主、反复的阅读体验中,引导学生展开想象,描绘出一幅幅画卷。

例如:三年级下册第一单元以"可爱的生灵"为主题,编排了《绝句》《惠崇春江晚景》《三衢道中》三首古诗和《燕子》《荷花》《昆虫备忘录》三篇课文,多角度展现了大自然中生灵的可爱与美丽。本单元的第一个语文要素是"试着一边读一边想象画面"。三年级上册有过一边读一边想象课文描写的画面和诗中描绘景色的练习,都为本单元读文章想画面的训练奠定了基础。《古诗三首》引导学生结合诗句的意思,想象画面,说说每首诗描绘的景象。边读《燕子》边想象画面,读出作者对燕子的喜爱之情,还可以引导学生想象春景图。《荷花》引导学生读课文,想象这一池荷花是"一大幅活的画"。《昆虫备忘录》可以引导学生想象小昆虫有趣的活动画面。下面主要和大家谈谈《燕子》一课。

(一)教材分析

《燕子》一课以烂漫无比的春天为背景,描写了燕子的外形以及飞行、休憩的姿态,字里行间流露出作者对燕子的喜爱之情。本文的突出特点是用优美生动的语言,将活泼可爱的燕子描绘得栩栩如生,具有画面感。我们要让学生边读边想象画面,读出作者对燕子的喜爱之情。

(二)教学目标

1.认识"伶、俐"8个生字;读准多音字"散、杆",会写"凑、拂"等13个生字。会写"乌黑、活泼"等15个词语。

2.边读边想象画面,读出对燕子的喜爱之情。

3.积累"剪刀似的尾巴"等词语,体会文中优美生动的语句并摘抄。

（三）学习活动设计

学习活动设计：触发多种感官，想象"春景图"

学习活动一：圈一圈，"春景图"里有哪些景物

1. 学生自由读第二自然段，圈画景物，交流。
2. 教师相机板书：风、雨、柳、花、草、叶。

二三月的春日里，轻风微微地吹拂着，如毛的细雨由天上洒落着，千万条的柔柳，红的黄的白的花，青的草，绿的叶，都像赶集似的聚拢来，形成了烂漫无比的春天。这时候，那些小燕子，那么伶俐可爱的小燕子，也由南方飞来，加入了这个光彩夺目的图画中，为春光平添了许多生趣。

学习活动二：想一想，触发多种感官想象，使画面逐渐具体生动

1. 以"柔柳"为例，触发多种感官，边读边想象画面，使画面具体生动。引导学生从这四个方面去想象。

（1）请你用眼睛看一看，你看到了什么颜色的柔柳？（那碧绿的柳条随风飘荡，远远看去，像是柳树姑娘在梳洗自己碧玉般的秀发。）

（2）请你用鼻子闻一闻，仿佛闻到了怎样的气味呢？（我屏住呼吸，一股淡淡的枝叶香钻进了我的鼻子，这是春天的味道。）

（3）请你用手去摸一摸，你仿佛触到了怎样的柳枝呢？（我用手抚摸着柳树的长辫子，是那么柔嫩，像刚出生婴儿的皮肤；是那么光滑，没有任何瑕疵。）

（4）请你想一想，你又会想到哪些描写柳树的诗句呢？（站在柳树下，这柔柔的柳枝不禁让我想起了那千古名句：碧玉妆成一树高，万条垂下绿丝绦。）

2. 将学生表达的句子合成一段话，启发观察发现，触动多种感官来想象，可以让景物更具体生动，跃然纸上。

那碧绿的柳条随风飘荡，远远看去，像是柳树姑娘在梳洗自己碧玉般的秀发。我屏住呼吸，一股淡淡的枝叶香钻进了我的鼻子，这是春天的味道。我用手抚摸着柳树的长辫子，是那么柔嫩，像刚出生婴儿的皮肤；是那么光滑，没有任何瑕疵。站在柳树下，这柔柔的柳枝不禁让我想起了那千古名句：碧玉妆成一树高，万条垂下绿丝绦。

学习活动三：用"触发多种感官"的方法一边读句子一边想画面：雨、风、花、草、叶，然后和同桌交流

那么，学生在多种感官的触发下，就可以将画面想象得更加丰富，这样春天的柳、雨、风、花、草、叶就形成一大幅活的画，美丽的"春景图"就呈现在眼前了。

第五节　高年级"想象"学习活动设计

高段"想象"的学习活动着力点——借助想象，体会意境

阅读是学生的个性化行为。高年级的学生在进行阅读时，对于自己印象深刻的场景、细节等，能做出一些判断，能体会文本所表达的意境、思想。我们在高年级的语文要素"想象"的教学活动设计上，应该引导学生在钻研文本的基础上，让他们受到情感的熏陶，借助语言文字展开想象，体会艺术之美。

六年级上册的第七单元，单元的主题为"艺术之旅"，语文要素为"借助语言文字展开想象，体会艺术之美"。本单元有三篇课文，体裁各异，《文言文二则》包括《伯牙鼓琴》和《书戴嵩画牛》，《月光曲》是传说故事，《京剧趣谈》是文艺性说明文。三篇课文都有相关的语段展示艺术之美，教学重点都应该放在指导学生借助语言文字展开想象上，通过反复朗读、区分现实与联想、想象画面等方法体会艺术之美。

以《月光曲》一课教学为例，通过开展相关的学习活动，引导学生通过现实想象画面，体会"月光曲"的意境及表达的情感。

一、教材解读

《月光曲》是一个传说，讲述了德国著名音乐家贝多芬因同情穷鞋匠兄妹俩而为他们弹琴，有感于盲姑娘对音乐的痴迷而即兴创作《月光曲》的传奇故事。文章中并没有直接对《月光曲》的内容进行描写，而是借皮鞋匠兄妹俩的联想和想象表达出来，课文第九自然段，在叙事中插入兄妹俩的联想。通过开展学习活动，引导学生展开想象，体会意境，在想象中呈现出画面感、节奏感和贝多芬情感的变化，体会艺术之美。

二、教学目标

1.借助"清幽"等关键词语展示想象，感受环境。

2.反复诵读第九自然段描写月光曲意境的语句,运用想象画面、猜想曲调、"删改"等方式,体会乐曲之美,探究描写乐曲意境的方法。

三、学习活动的设计(附:教学实录)

学习活动一:紧扣"清幽",体会环境之美

师:在第八自然段中,描写了两次月光,这两次月光有着怎样的特点呢?

生:一阵风把蜡烛吹灭了。月光照进窗子,茅屋里的一切好像披上了银纱,显得格外清幽。贝多芬望了望站在他身旁的兄妹俩,借着清幽的月光,按起了琴键。

师:听着你的朗读,老师也仿佛走进了茅屋里,小茅屋里的月光有着怎样的特点呀?

生:清幽的特点。

师:怎样的月光才叫清幽的月光呢?请用自己的话来描述一下吧!

生:清幽的月光,就是十分皎洁十分明亮,给人一种宁静的感觉。

师:其实我们了解词语的时候,还可以用到找近义词的方法,文中就有一个词语跟清幽的意思相近,请同学们在文中快速地找出来。

生:我找到的是幽静,出现在第二自然段第二句话。

师:幽静这也是写环境的,那这两句话能不能把其中的一个"清幽"换成"幽静"?

生:我认为不能换,"清幽"的"清"有月光清亮的意思,而"幽静"则更多表现的是环境的安静。

师:很好,同学能根据字面意思进行区分,真了不起。

生:我也觉得不能换,因为第一个清幽是指月光下,茅屋里的一切都是那么朦胧,那么安静,第二个清幽是指月亮的柔美。

师:很好,你能结合文中内容对"清幽"有更进一步的了解,下面我们用朗读来体会,一边读,一边体会环境的清幽。(指名读)

师:是的,在同学朗读当中,老师仿佛也看到了这清幽的月光。

生1:我感觉有一层青纱铺在地面上,感觉十分朦胧。

师：很好，刚才这位同学运用了比喻的修辞方法，让我也感受到这朦胧的月光。

生2：这样的月光特别轻柔，特别柔和，是能让人舒服的月光。

师：从你的朗读中，老师也感受到这柔和的月光，我们在如此清幽的月光照耀下，好像一切都显得那么的有诗意。

说话练习：这清幽的月光，让我们仿佛看到了_____
_____。

生1：一阵风把蜡烛吹灭了，月光照进窗子，茅屋里的一切好像披上了银纱，显得格外清幽。我仿佛看到了皎洁的月亮高高地挂在天上，星星像点缀物一般点缀着星空。贝多芬望了望站在他身旁的兄妹俩，借着清幽的月光按起了琴键。

生2：一阵风把蜡烛吹灭了，月光照进了窗子，茅屋里的一切好像披上了银纱，显得格外清幽。我仿佛看到了明亮的月光照在兄妹的脸上，显得格外的美丽。贝多芬望了望着他身旁的兄妹俩，借着清幽的月光按起了琴键。

生3：一阵风把蜡烛吹灭了，月光照进窗子，茅屋里的一切好像披上了银纱，显得格外清幽。我仿佛看到了朦胧的月光，透过窗户照进茅屋里，一切都显得十分柔和。贝多芬望了望站在他身旁的兄妹俩，借着清幽的月光，按起了琴键。

生4：一阵风把蜡烛吹灭了，月光照进窗子，茅屋里的一切好像披上了银纱，显得格外清幽。我仿佛看到了清幽的月光，透过窗子照到钢琴和贝多芬的手上，仿佛想聆听贝多芬那优美的乐曲。贝多芬望了望，站在他身旁的兄妹俩，借着清幽的月光按起了琴键。

学习活动二：聚焦联想，寻乐曲画面之美

师：贝多芬其实也像我们一样沉醉在这清幽的月光中，他轻轻地按起了琴键，月亮仿佛也渐渐升起了。请一位同学读一读第九自然段，其他同学边听边用"直线"画出兄妹俩听着琴声，联想到的内容。

生：他好像面对着大海，月亮正从水天相接的地方升起来。微波粼粼的海面上，霎时间洒满了银光。月亮越升越高，穿过一缕一缕轻纱似的微云。忽然，海面上刮起了大风，卷起了巨浪。被月光照得雪亮的浪花，一个连一个朝着岸边涌过来……

第五讲 学习活动设计——想象

师：刚才通过同学朗读，老师仿佛也看到了月亮越升越高的画面，再请一位女同学来读一读盲姑娘联想到的内容。

生：她仿佛也看到了，看到了她从来没有看到过的景象，月光照耀下的波涛汹涌的大海。

师：（出示第九自然段）请根据老师的提示，用自己的话说一说兄妹俩看到的画面。

生1：兄妹俩仿佛看到了月亮，从水天相接的地方升起来，海面上微波粼粼，月亮越升越高，穿过一缕一缕轻纱似的微云，月光照耀着波涛汹涌的大海。

（师提示用简洁的语言来概括）

生2：兄妹俩仿佛看到了月亮升起来，海面微波粼粼，月亮越升越高，穿过微云，月光照耀着波涛汹涌的大海。

（板书：月亮升起　微波粼粼　月亮升高　穿过微云　月亮照耀　波涛汹涌　）

师：如果我们把它想象的内容去掉，只留下描写现实的情景，文字变得这样的干净利落。现在请男生来读一读原文的第九自然段，女生读删掉以后的第九自然段。我们一起对比感受。

（原文：皮鞋匠静静地听着。他好像面对着大海，月亮正从水天相接的地方升起来。微波粼粼的海面上，霎时间洒满了银光。月亮越升越高，穿过一缕一缕轻纱似的微云。忽然，海面上刮起了大风，卷起了巨浪。被月光照得雪亮的浪花，一个连一个朝着岸边涌过来……皮鞋匠看看妹妹，月光正照在她那恬静的脸上，照着她睁得大大的眼睛。她仿佛也看到了，看到了她从来没有看到过的景象，月光照耀下的波涛汹涌的大海。

修改后：皮鞋匠静静地听着。皮鞋匠看看妹妹，月光正照在她那恬静的脸上，照着她睁得大大的眼睛。）

生1：联想的部分让我们透过这优美的琴声，仿佛看到了大海的画面。

生2：乐曲的曲调很优美，很享受聆听的过程。

师：这就是想象的魅力。通过作者的想象，把月亮升起、月亮升高、月亮照耀等美好的画面写得如此美妙。

学习活动三:"曲调"为线,探乐曲韵律之美

师:通过我们丰富的想象,《月光曲》每一个音符似乎已经在书本上跳动。下面,让我们闭上眼睛一起来聆听这美妙的乐曲,感受《月光曲》优美的曲调。

师:相信现在,赋予了美好的想象,同学们能把这段话读得更好!(指名读,并评议)

生:先是很轻,然后变得十分舒缓,再变得很轻快,接着越来越快,最后变得十分激昂。

师:好,那么我们在读书的时候理应也要跟随着音乐的感情所起伏。现在请几位同学合作,读一读月亮变化的画面,好好感受感受想象的魅力。

师:请大家说说自己此时此刻的感受吧!

生1:我似乎也随着这优美的乐曲,看到了一轮清幽的月亮正在渐渐升起。

生2:乐曲的曲调很优美,很享受聆听的过程。

师:是的,乐曲的曲调十分优美,美妙的音乐总能让我们沉醉其中,浮想联翩。这优美的乐曲让我们不得不赞叹贝多芬高超的创作才华,不得不叹服兄妹俩感悟音乐的能力。

本单元的语文要素是"借助语言文字展开想象,体会艺术之美"。抓住课文的第八和第九自然段,让其成为落实语文要素的抓手。首先从环境入手,茅屋虽然很简陋,但是一切都那样动人,月光是那样的轻柔,环境又是那样的清幽,在学生的脑海中已经出现了一幅画面,贝多芬创作是需要灵感的,学生想象也需要引发的。而后就是第九自然段,此段内容生动、丰富,语言优美,描绘的意境也美,把想象的部分删去,对比朗读,感悟想象在表现艺术之美的重要性。引导学生在读中发现联想部分,抓关键词语理解联想的层次,感受乐曲的画面美。最后引导学生走进乐曲的旋律,用朗读表现旋律的"舒缓""轻快"和"激昂",让体会融入朗读中。

"想象有多广,舞台就有多大。"想象是无边无际的,只有展开想象,放飞想象的翅膀,才能入情放境,将心比心,感同身受,因此,在我们的课堂上,鼓励学生进行想象,是课堂历久弥新的秘方。

第六讲　学习活动设计——复述

第一节 "复述"要素解读及教材梳理

说起"语文要素",相信我们的一线语文教师都不会陌生。统编教材的双线组合结构设计,表现为每单元、每篇课文都含有"人文主题"和"语文要素"两条主线,均衡递进。而今天我们要讲的是"复述"这一项重要的语文要素。

在我们身边有部分老师对复述的重要性认识不够,他们认为专门进行复述训练浪费时间,于是课堂训练走走过场,流于形式,例如很多老师的课堂教学缺乏对复述的指导,只在课堂最后直接叫一两名学生复述一下课文,事后也不进行有针对性的点评,这样导致的直接后果是教学上复述走形式,课堂教学的效果也得不到反馈,根本没法提升学生的语言表达能力、信息概括能力,至于语文素养的提升更是无从谈起了。

今天我们来谈谈关于复述的问题。在这一讲中的,我们对复述要素进行解读,并对统编教材中复述要素的编排进行梳理。

一、复述的概念诠释

复述,在《现代汉语词典》中的解释为:①把别人说过的话或自己说过的话重说一遍;②语文教学上指学生把读物的内容用自己的话说出来。从上述定义中可以看出,复述是一种指向"重复表达"的话语行为。但这种"重复"不是机械式的,关注语文教学概念中的关键词"用自己的话说出来"。"用自己的话"代表这种复述是经过本人思维深加工的,这种思维的深加工就是学生对语言材料整理、选择、吸收、内化的过程。其中要经过多重训练,如掌握正确语句、分析文本内容、梳理故事情节、概括段落大意、把握人物特点、提取关键信息等。学生在这个过程中要关注内容的各个细节,如语句、情节、人物、表达方式、情感等,最后"用自己的话说出来",可能在复述的过程中还要加上适当的表情、动作等肢体表现,所以这绝对不是一个机械重复的过程,而是一个充分训练学生表达能力、阅读能力、理解能力、概括能力的过程,可见,复述能力实质上是一种综合能力。

二、复述的目标和价值

陈先云老师在《统编小学语文教科书能力体系的构建》当中提出:"复述的目的在于使儿童深入理解文本,提高他们把握文章主要内容的能力和发展思维能力。"结合对复述的内涵和教学目标的理解,我们就会发现实施复述教学其实对学生发展具有十分重要的价值,应引起老师们的高度重视。

首先,复述有利于语言能力的提升。复述既要重现课文的主要内容,但又不是完全重复课文原文的内容,需要学生加入自己的理解感受和语言风格,把故事讲完整、讲清楚、讲生动,这无疑是对语言能力的有力训练。同时,对于一些平时不太敢表达自己的同学,借助相对简单的复述,降低表达的难度,也能建立语言自信,逐步提高语言能力。

其次,复述有助于语言素材的积累。《语文新课程标准》提出:"要让学生积累、理解、运用文中的优美词语、精彩句段以及在课外阅读和生活中获得的语言材料。"学生在复述前,首先要熟悉复述的内容,从而进一步记忆、内化,在这一过程中就无形进行了语言的积累。

再次,复述能促进学生的思维发展。《语文新课程标准》提出:"在语言能力发展的同时,要发展学生的思维能力。思维和语言是密不可分的,任何的语言训练都包括思维训练。"课文复述是以原文中的语言材料为依托的,但不能照搬原文语句,更不能采用背诵的办法,学生要通过自己对内容理解进行综合概括、并认真组织语言、安排材料,最终用自己的话复述出来,在语言训练的同时就使思维得到发展。

三、复述的教学误区

尽管复述训练如此重要,但复述训练却在现实教学仍存在许多的误区。

误区一:复述等于背诵。很多老师刻板地认为"复述"就是背诵,学生能把教学内容原原本本地背下来,复述的效果就达到了。其实他们根本不知道这种机械地背诵,只能在一定程度上帮助学生进行语言积累,但没法切实提升学生的口头表达能力、理解能力和思维能力,是费时又低效、喧闹又空洞的。

误区二:复述等于概括。"概括"体现了一个人的语言整理能力,它需要把一段话或是一篇文章用简明扼要的语言重新进行梳理,可以是几个关键词,也可以是一张思维导图。总之概括的目的就是可以使听者很清楚地知道这段话或是这篇文章讲了什么。概括的语言浅显易懂,善于抓住重点。复述不同于概括,复述的语言相比较于概括来说较丰富生动,但也绝不是简单的几个关键词就够的,复述时需要在这些概括出来的关键词的基础上加以自己的想象、联想、动作,然后用自己的话去表达。所以复述不能简单等同于概括。

四、复述的编排理念

为了准确把握统编教材中复述训练的具体要求,我们要理清教材中各册关于复述要素的安排。以下是统编版小学语文各年级语文要素一览表。

表 6-1

册序	单元	语文要素
二年级上册	第八单元	借助提示,复述课文
二年级下册	第七单元	借助提示讲故事
三年级下册	第八单元	了解故事的主要内容,复述故事
四年级上册	第八单元	了解故事情节,简要复述故事
五年级上册	第三单元	了解课文内容,创造性地复述故事

从上表我们可以看到,从二年级上册开始,复述开始作为语文要素出现。二年级强调的是借助提示复述故事;三年级是要突出主要内容的详细复述;四年级是简要复述课文;五年级是创造性地复述故事。

这四个类别和层级的复述要求是不同的:借助提示复述故事就是凭借教材提供的关键词句、图画、示意图等抓手,理清故事情节复述故事;详细复述要求学生用接近课文语言的话,按照课文的顺序把课文内容清楚、明白、连贯地叙述出来;简要复述要求用简洁的话,进行概括性的叙述,就是按照课文的顺序,删去次要的、解释性或描述性的部分,抓住课文最主要的内容来叙述;创造性复述就是让学生对所学课文从内容到形式进行加工、整理、改造,进一步充实内容,发展情节,更具体生动地刻画人物形象,培养学生组织语言材料的能力,发展想象力,使学生灵活地运用各种不同的方式表达自己的思想感情。

以上四种复述训练的层次性、连续性是十分明显的,我们要根据不同年段复述要素的要求,结合学生的特点与学情,设计可行有效的学习活动,在实践中让语文要素落地,从易到难,循序渐进地提升学生的复述能力,实现语文素养的螺旋上升。

第二节 "复述"教学建议

在上一节中,我们明确了复述的概念,对各学段复述的要求也有所了解。如何复述呢?掌握恰当的复述方法,才能化难为简,化枯燥为乐趣,使我们的复述活动事半功倍。这一节,我们将从六个方面来讲讲复述的方法。

一、关键词提示法

在复述的初级阶段,我们在引导学生复述时可以从课文中提炼一些关键的词语或词组作为提示,学生便可以根据这些词语进行扩展记忆,与原文内容联系起来进行复述。这些关键词或者词组不仅能起到提示作用,还可以培养学生的发散思维。当教师引导学生提炼完关键词语后要告诉学生复述不等同于背诵,对于删掉或者增添的词句教师要做适当指导。

为了促进学生复述能力的螺旋式上升,统编教材从二年级开始,课后练习题中设计了借助图片、关键词语、关键句子、示意图或者根据表格内容等讲故事,给学生提供了复述故事的抓手。教师在教学中要充分、灵活地利用这些资源,为学生复述故事打好基础和做好铺垫。

三年级下册《慢性子裁缝和急性子顾客》的课后练习题是"默读课文,填写下面的表格,再借助表格复述这个故事"。逻辑分明的表格从纵向和横向帮助学生理清时间和人物、事件的关系,为学生把握内容和复述故事搭建了支架,降低了难度。在教学中,我们可以在整体感知故事的环节,就让学生在梳理故事情节时简要填写表格,让学生一开始借助表格能初步概述故事的内容。

表 6-2

时间	急性子顾客的要求	慢性子裁缝的反应
第一天	想做件棉袄	把顾客说服了,明年冬天取
第二天	把棉袄改成夹袄,秋天就能穿	行啊。没说的!
第三天	把夹袄改为短袖衬衫,夏天就能穿	好办得很,没问题
又过了一天	袖子接上去,改回春装	还没开始裁料

而在指导学生细细品味故事的情节,学完全文后,我们再次借助表格,对学生进行复述的专门训练。刚才的表格只提供了故事的骨架,为了让学生把故事复述得更生动清楚,我们可以在这个表格的基础上,让学生找出每个部分能帮助自己记忆故事的关键词,如人物的动作、表情、语言等,补填在表格里。复述的时候结合这些关键信息,能把故事讲得更有声有色。以第一天的故事片段为例。

表 6-3

时间	急性子顾客的要求	慢性子裁缝的反应
第一天	想做件棉袄 噌的一下子跳起来 夹起布料　　纳闷 想了想　　　承认	把顾客说服了,明年冬天取 补充　　不一样 叫住　　别的季节

就这样,在教学的各个环节,表格都被充分利用,发挥梯架作用,帮助学生轻轻松松完成复述实践,收获成功的喜悦。

二、课文补白法

在小学语文课本中有不少的省略号处、结尾处、关键词等地方都留有无限悬念,教师在教学当中要善于抓住课文中精彩的"留白点"去引导学生进行扩展复述,培养学生的想象力,提高他们的语言表达能力。留白处不仅可以帮助学生梳理文章内容,还可以培养和提高学生的逻辑思维能力。

在教学时,教师可以从情节、环境、形象等方面充分挖掘故事中的"留白点",或意犹未尽之处,让学生大胆想象,培养学生的创新思维,打开复述的突破口。

如二年级下册第七单元《小毛虫》一课,除了让学生根据课后练习题提供的关键词句按顺序完整地讲述故事,还可以让程度较高的同学抓住文中的细节,大胆发挥想象,生动形象地讲述。文中最后一句写道:"它愉快地舞动了一下双翅,如绒毛一般,从叶子上飘然而起。它飞啊飞,渐渐地消失在蓝色的雾霭之中。"这时,可以引导学生结合文中插图想象:小毛虫变成色彩斑斓的蝴蝶后翩翩飞舞,它飞过哪些地方?看到了什么?此时心里又会怎么想呢?有些学生会想到蝴蝶会飞到姹紫嫣红的花丛中、飞到清澈见底的河面上、飞到绿意盎然的草地上……在享受着美丽风光的时候,小蝴蝶可能会想:虽然我一开始比较笨拙,我的成长经历比较枯燥,但一切的等待都是值得的,万事万物都有自己的规律……不同的经历,有趣的心理,无不彰显了同学们丰富多彩的想象。基于这些奇幻想象的复述,更能促进学生对故事的理解,更能锻炼学生的思维力和表达力,全面提升学生的语文素养。

三、表演法

表演复述法适用于篇幅较长,故事性强的课文。小学生更加偏爱这一种复述方法,在进行表演复述法时能够演绎出人物的动作、神情和语言。通过对课文的表演再现,能够提高小学生的语言运用能力和综合能力,还可以更好地引导他们学会学习,养成良好的学习习惯。复述应该建立在满足学生心理需要的基础上,使复述带有浓厚的情感色彩。因此表演式复述便是一种最佳选择。当学生在进行表演复述时,教师应当将篇幅较长、难度较大的片段分成几个小片段让学生进行表演复述,并且难易程度要控制在他们的能力范围之内。

一个好的故事,更是一部充满戏剧色彩的好"剧本"。用表演的形式复述故事,是学习的好方法。学生在表演故事的过程中,其实就是与故事融为一体的过程。当学生走进自己扮演的角色,更能将故事中的语言、情节、情感等进行内化,从而读懂童话、读透童话。在教学中,可以演绎情节,抓住文中有趣的部分让学生充分想象后,把自己想象到的情景演出来;也可以演绎故事,同学们分演文中不同的角色,把整个故事演绎出来;还可以由一个同学讲,几个同学演,把讲演结合起来……

如在教学统编五年级上册第三单元《猎人海力布》一文时,就可以让学生们扮演海力布和乡亲,表演海力布劝说乡亲们离开的部分。通过海力布动作、神情、语言等方面的演绎,把纸上的文字变成口中的故事,把抽象的故事变成直观形象的复述,这样的训练更能使学生得到多方面的锤炼和提升。

四、编列提纲法

复述是理解和掌握语言文字、文章主要内容以及作者写作方法的过程,无论是详细复述、简要复述还是创造性复述,要想很好地复述一篇课文就必须弄清楚文章的篇章结构。

而对于篇幅比较长或者故事情节比较曲折的故事,教会学生编列提纲有助于学生进行顺利的复述。

以统编教材五年级上册第三单元《牛郎织女(一)》一课为例,教师在教授课文前首先把文章分为三个部分,引导学生归纳出提纲:1.牛郎孤苦伶仃;2.牛郎对老牛照看周到;3.老牛知恩图报,引导牛郎结识织女。

　　这个提纲不仅可以提示学生复述的顺序,还可以更加清晰地感受人物的性格特点,在降低难度的同时还增强了学生的信心。

　　通过提纲,学生可以理清文章层次,抓住文章重点进行复述。除了帮助学生理清课文的脉络层次,提纲还可以从记叙文的六要素出发,即列出故事发生的时间、地点、人物、起因、经过、结果,从而降低复述的难度,让学生体会到复述成功的快乐。比如统编教材四年级上册第八单元《西门豹治邺》一文就提供了主要情节的要点梳理提示。这一支架列出了"兴修水利"这四个简要概括情节结果的短语,意在指引学生抓住情节要点,按照起因、经过、结果,事情的发展顺序来复述。

五、借用插图法

　　低年级学生主要以形象思维为主,因此采用直观的图片可以激发学生说的兴趣,参与到复述中来。插图是小学语文教材中不可或缺的重要资源,低中年级课本中的看图学文以及有关插图,是帮助儿童理解课文内容,训练儿童的观察能力、思维能力和语言表达能力的好教材。在实际的教学当中,教师利用插图不仅可以把握文章的内涵,而且学生通过插图可以去想象,获取复述重点。教师应该多运用多媒体图像并且让学生为图像配音,如此图文并茂,会极大程度激发学生进行复述的兴趣。

　　如在教学二年级下册第七单元《大象的耳朵》一文时,就可以引导学生观察插图,画了哪些动物,这些动物的耳朵和大象的耳朵有什么不一样,学生根据插图就能说出故事的大致内容了,直观的提示降低了学生复述的难度。

六、变叙法

　　在复述时,可以选择不同的叙述角度改变人称进行复述,还可以改变叙述的顺序,变正叙为倒叙,或者变倒叙为正叙等,这些方式统称为"变叙法"。

　　"表达个性经验感受"是语文学习的基石。当学生对故事中的人物,对故事中情景,有了个人的真切体验,就能自然而然地产生丰富的感受与想象。在复述时,进行创意翻转,让学生带入故事中的不同角色,亲身体验人物的经历与情感,更能激发学生讲述的欲望,实现个性化的表达。在二年级下册的《蜘蛛开店》的教学中,除了可以用旁观者的"他人视角"进行复述,也可以让学生当一当故事的主角"小蜘蛛",以"个人视角"讲述自己三次开店的经历,切实体会小蜘蛛从兴奋到无奈到害怕的内心感受。还可以让学生通过"顾客视角"进行复述——把自己当成文中的其中一位特殊顾客,讲述购买商品的经过……不同视角带给学生不同的体验,丰富学生的情感,使复述更能走进学生的内心,更具创意。

在教学《猎人海力布》一课时,可以让学生以石头的口吻来复述故事。改变了复述的角色,为发散学生的思维,多元理解故事,深入理解海力布舍己为人的品质,打开了另一扇窗。同时,以石头的口吻叙述,势必会从故事的结局讲起,再回顾引起结果的来龙去脉进行复述,让学生对文本的内容有更深入地了解,能够把影响故事情节发展的细节串联起来,如"石头"这一细节,从而发展了学生的思维能力。

复述对于提高学生的语文素养有着重要的作用,是提高学生口头语言和书面语言表达能力的有效教学手段之一。以上提炼出来的复述方法,教师要根据不同文章的内容和学生的特点,合理地有针对性地选取适宜的方法进行复述练习。只有教师在教学中真正去落实了,学生的复述能力才会慢慢提高,学生的语文素养才会有所提升。

第三节　低年级"复述"学习活动设计

在第一节,我们就提到不同的年段,复述的编排理念和要求也是不同的。在这一讲,我们将结合低年级的年段目标和学情,借助复述支架,采取恰当灵活的复述方法,设计学生的复述学习活动。

一、明确目标

要开展有针对性的复述活动,首先要明确这个年段复述训练所要达到的教学目标,了解学生要掌握的复述能力的程度。《义务教育语文课程标准》2011版关于第一学段复述的要求:"能较完整地讲述小故事,能简要讲述自己感兴趣的见闻。"同时课标在口语交际中也提出要求:"听故事,看音像作品,能复述大意和自己感兴趣的情节。"提取这两个要求中的关键词,我们发现第一学段注重对故事性强的作品情节的复述,要求学生复述时只要能抓住基本的情节,复述出故事的大概面貌,语句比较流畅就可以了,要求不能过高。

二、明确学情

任何的教学都要从学生的实际学情出发,才能产生实效。第一学段(低年级)的小学生处于小学1~2年级。这个学段的学生刚从幼儿园升入小学,由于识字的局限,还有知识经验的限制,一般都是一个字或者是一个词地读,不能整句整句地流畅读,他们对词或句子缺少精确的分析与理解,所以常常会导致念错或理解不清楚的情况。这阶段的学生思维以形象思维为主,他们喜欢生动活泼、直观形象的呈现方式。对故事情节的了解需要借助形象的工具搭设思维的桥梁,对所读故事情节之间的逻辑联系更是需要明确的指引和提示,才能对故事的大概面貌有整体的认识。这就是低年级学生的主要特点。

三、明确支架

有了明确的目标,了解了学情基础,再选择合适的学习支架,就能帮助我们设

指向 语文要素的学习活动设计

计出有效的复述活动了。

通过第一讲对年段语文复述要素的整理,我们看到从二年级上册开始,复述作为语文要素出现,二年级上册第八单元"借助提示,复述课文",二年级下册第七单元"借助提示讲故事",在这个阶段强调的是"借助提示"。而教材中出现复述训练的文本又实实在在提供了各种提示,且形式多种多样,例如《小蝌蚪找妈妈》借助把图片连起来,明白小蝌蚪成长的顺序再复述,《蜘蛛开店》根据示意图理清故事框架讲故事,《大禹治水》根据句子提示故事情节进行复述,《小马过河》是提供四组关键词语,让学生讲故事,《小毛虫》是插图和词句结合提供提示,而《后羿射日》是借助表格理清事情发展的起因、经过、结果来讲故事等。

在这一阶段,围绕"复述"设计活动时,我们就要注意充分围绕教材中提供的提示,让学生在借助图片、示意图、表格、关键词句等工具作为抓手,把形象思维进行转换。让学生通过圈一圈、画一画、贴一贴、连一连、说一说等各种生动活泼的形式,把这些提示工具充分运用起来,就故事内容进行梳理,搭建复述的支架,降低讲述的难度,让学生在有趣的活动实践中将课文语言转化为自己的语言,顺利地把故事复述出来。

四、活动设计

接下来,我们就以《蜘蛛开店》为例,具体谈低年级的复述活动设计。我们先解读教材,《蜘蛛开店》是二年级下册第七单元的第二课。在这个单元中一共编排了《大象的耳朵》《蜘蛛开店》《青蛙卖泥塘》《小毛虫》四篇生动有趣的童话故事。这个单元的人文主题是"改变","借助提示讲故事"是这个单元的语文要素,也是教学重点。在本组的几篇课文中,《蜘蛛开店》是引导学生借助示意图讲故事;《青蛙卖泥塘》是让学生了解故事的前因后果后,分角色演故事;《小毛虫》是引导学生借助插图和词句结合讲故事,关于"复述"的教学训练在这个单元是始终贯穿的。而学生其实在一年级的教材学习中已接受过与复述相关的一些小训练。所以这个单元教学不能忽视学生以往的学习经验,要在原来复述学习的基础上,指导学生进一步借助课文中的提示,理清故事顺序,给学生搭建讲故事的支架,使学生在提示的作用下能够完整地把故事讲下来。

《蜘蛛开店》是一篇妙趣横生的童话故事。故事围绕"改变"讲述了蜘蛛因为寂寞无聊而决定开一家商店。纺织是它的特长,它共开了三次店。前两次,蜘蛛

第六讲 学习活动设计——复述

虽然害怕麻烦却仍完成了纺织,但第三次的时候它直接溜走了。这篇课文具有许多童话故事的共性特点:第一,情节反复,写法相似。故事中"卖口罩""卖围巾""卖袜子"三个部分,都是按照蜘蛛想卖什么、写招牌、顾客是谁、结局怎样的顺序来叙述的。每个段落,语言的内容和形式也很相似,如"就卖……吧,因为……织起来很简单……""每位顾客只需付一元钱""顾客来了,是……"。第二,人物形象,个性鲜明。文章对顾客的描述各有特点,嘴巴最大的河马、脖子最长的长颈鹿、脚最多的蜈蚣,这些特点鲜明的顾客带给小蜘蛛不同的心理感受,在逗得读者哈哈大笑的同时能引发大家的思考。第三,故事结尾,意犹未尽。故事最后小蜘蛛的逃跑给读者留下无限想象的空间,是续编故事很好的切入点。

抓住以上这些故事表达上的独特之处,我们可以从三个层次进行复述学习活动设计:(1)脉络导图我来编,初试概述讲完整;(2)特殊顾客我来演,丰盈内涵讲清楚;(3)营销策略我来创,续编故事讲生动。三个活动从易到难逐步引导学生复述故事,实现学生言语能力的螺旋上升,切实提高学生语文素养。

活动一:脉络导图我来编,初试概述讲完整

因为这个故事反复的特点十分明显,所以在第一部分,我们先带领学生整体感知故事的内容和特点。

第一步,阅读文本,画词语。让学生边读故事,边动手用不同的符号画出蜘蛛开什么店,卖什么,来了哪些顾客,找出故事的关键信息。

第二步,理清思路,贴导图。我们提前给学生发蜘蛛网图和词卡,让学生根据找到的信息,小组合作把词语卡片贴到蜘蛛网图上,学生在这个动手动脑的过程中,合作探索,就完成了直观的示意图。

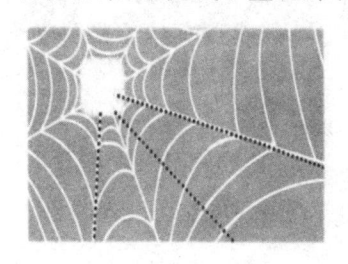

| 卖口罩 | 长颈鹿 | 卖袜子 |
| 河 马 | 卖围巾 | 蜈 蚣 |

图 6-1

第三步,发现规律,讲完整。我们提供句子范式,让学生根据贴好的示意图口头填空,把示意图转化为语言,从这些句式中,学生很容易发现故事反复的特点,

指向 语文要素的学习活动设计

让学生把这些句子连贯起来,就很容易把故事的大概框架讲完整。

蜘蛛开店卖(口罩),顾客是(河马),结果(织了一整天)。
蜘蛛开店卖( ),顾客是( ),结果( )。
蜘蛛开店卖( ),顾客是( ),结果( )。

活动二:特殊顾客我来演,感受形象讲清楚

《蜘蛛开店》虽然情节简单,但偏偏三个特殊的客人使故事一波三折。在复述的时候引导学生抓住这三个顾客的鲜明特点,可以把故事讲得更清楚。具体的操作是:先让学生找出故事中具体描写三位特殊顾客的句子,发现顾客特点。然后通过扮演故事角色来深入了解人物的特点。我们可以让学生选择自己想扮演的顾客,根据顾客自身的外貌特点,编一编到蜘蛛商店购买商品的理由,说一说。例如长颈鹿来到店里说:"小蜘蛛,冬天来了,天气很冷,我的脖子这么长,露在外面都快冻僵了,请你帮我织一条围巾吧。"也可以让学生想象小蜘蛛见到这些形形色色的顾客后的心理、表情,然后分角色把这部分情景演一演。学生通过演角色、编台词这样有趣的活动,就很容易记住故事的内容,把故事讲得更清楚。

从整体到部分再到整体,最后,我们再让学生结合示意图提供的情节框架,抓住反复的语句,结合生动的人物形象,实现整个故事的复述。我们一起来欣赏这节课的一个活动片段实录。

板块一:创意演绎

师:这次顾客又来了,课文是怎么写的?

生:可是,蜘蛛看到顾客后,却吓得匆忙跑回网上,原来那位顾客竟是一条四十二只脚的蜈蚣。

师:课文当中仅仅只有这么短的两句话,可是老师还想知道更多具体的情形。例如,我想知道这只小蜈蚣来到店里,他会怎么说?

生:你能帮我织一下我的袜子吗?因为我的袜子破了好几个洞。

师:你说出了来店里的理由呢,还有可能怎么说?

生:蜘蛛,你能帮我织四十二只袜子吗?我的袜子都缩水了。

师:又是不一样的理由,还有不同的想法吗?请你说。

第六讲 学习活动设计——复述

生:小蜘蛛,冬天来了,天气寒冷,我光着脚冻坏了,你能帮我织四十二只袜子吗?

师:同学们的想象力很丰富,想到的理由五花八门呢。我还想知道小蜘蛛看到小蜈蚣之后,他的表情是怎样的?

生:大叫一声"啊!"

师:小蜘蛛,这一声"啊"代表你的心情是怎样的?

生:很恐惧。

师:"很恐惧"这个词用得很贴切,请坐。请你说。

生:很惊讶。

师:你能做出惊讶的动作吗?(学生演)哇,你看,大吃一惊。那我还想知道小蜘蛛这时候恐惧、惊讶,他心里具体是怎么想的。小蜘蛛,你这时候怎么想?

生:我是这样想,织一只袜子已经把我累倒了,还要织四十二只,快逃命吧!

生:天啊,我前面已经织了一个大口罩,又织了一条长长的围巾,现在又要织四十二只袜子,得花多少工夫啊,快逃啊。

师:从你们的语气当中,我感受到你们真的很害怕啦。如果能把刚才同学们想象的内容演出来就更真实了,有没有同学能勇敢地尝试一下,把刚才的内容演出来?请这个男生来演我们的小蜈蚣。这个女生演我们的蜘蛛老板。你是怎么想的就怎么演。

男生:哎呀,今年袜子老是烂!你看,这只袜子又烂了。哼,脚多就是麻烦,每次去买袜子都要花好几百块,真心疼啊。"袜子编织店,每位顾客只需付一元钱。"这么便宜啊,快去看看。有人吗?

女生:哎,来嘞。

男生:你好,蜘蛛老板。我的袜子又烂了,你看,都破成这样了,没法穿。你能帮我织四十二只袜子吗?

女生:天啊,织四十二只袜子?织一只已经够我累了,要织四十二只,岂不是要累死我啊,不管了,赶紧跑吧。

男生:哎,别跑啊。

师:他们演得多好啊,通过表演让我们更生动形象地了解这个故事了。

板块二:轻松复述

师:这个有趣的故事相信很多同学想跟别人分享。但长长的故事讲下来可不

指向 语文要素的学习活动设计

是那么容易的,要想把故事讲好,就要用好我们的示意图。这个示意图的横线和竖线是告诉我们这些事物之间的关系。谁能观察一下,告诉老师,这些事物之间有什么关系呢?

生:这个示意图告诉了我们小蜘蛛他想卖什么,卖给谁,最后结果怎么样。而且它三个部分都是一样的。

师:你真会观察,发现了课文三个部分结构相同而且反复的特点,可以借助示意图,想象几个顾客的不同特点,抓住文中一些反复出现的句子,就能很容易把故事讲清楚了。

师:请在四人小组里,每人选择一个顾客的部分,练习讲述,稍后请四人小组上台合作讲故事。

生1:在很久很久以前,有一只蜘蛛每天蹲在网上等着小飞虫落在上面,好寂寞,好无聊啊。有一天,他决定要开一家商店,开商店要卖什么呢?就卖口罩吧,因为口罩织起来很简单。于是他在店的外面挂了一个招牌,上面写着"口罩编织店,每位顾客只需付一块钱。"

生2:过了一会儿,来了一个顾客,是一只河马。河马的嘴巴那么大,口罩好难织啊。蜘蛛用了整整一天的工夫才织完了这个巨型口罩。晚上,他回到家想啊想,觉得织口罩太难了,还是卖围巾吧。

生3:于是,他又在店的外面挂了一个招牌,上面写着"围巾编织店,每位顾客只需付一块钱。"顾客来了,只见身子不见头,原来是一只长颈鹿。长颈鹿的脖子那么长,脑袋从树叶间露出来,正对着蜘蛛笑呢。蜘蛛用了整整一个星期的工夫,终于织完了这条超长的围巾。晚上,他又回到家想啊想,觉得卖围巾还是太难了,不如卖袜子吧,因为袜子织起来很简单。

生3:他又在店的外面挂了一个招牌,上面写着"袜子编织店,每位顾客只需付一块钱。"顾客来了,竟然是一只蜈蚣!小蜘蛛想:之前织河马的口罩和长颈鹿的围巾已经把我累坏了,而蜈蚣有四十二只脚,得织到什么时候啊,岂不是要把我累死。于是蜘蛛吓得直接跑了。

师:你看,几位同学用示意图一下子就把故事讲下来了,而且还加上了想象,配上动作,讲得绘声绘色,很不错!

在刚才的课例片段中,我们看到老师通过让学生发挥想象,分角色扮演故事人物,加深对故事的理解和记忆。还引导学生利用示意图理解故事的结构和思路,帮助学生轻松地、清楚地把故事复述出来。

关于每课的复述训练的时机和展示,我们可以有不一样的方式,例如除了最后的整体复述,我们也可以在课堂上进行片段的复述,例如四人小组内分好角色表演复述,一人扮演小蜘蛛,三人扮演不同的顾客,每一个同学就复述自己扮演角色相对应的部分,这样的片段复述也可以降低故事的难度,让学生讲清楚一部分,再循序渐进,讲好整个故事。在最后的展示复述,还可以四人小组为单位上台讲述故事,每人讲述一部分,同桌互相复述等,扩大参与面,提高学生的言语自信。

活动三:营销策略我来创,续编故事讲生动

这个单元的人文主题是"改变",小蜘蛛开店遇到的状况与他一成不变的思维有关,如何能深入浅出地让学生理解这个问题呢?我们可以创设开店营销的情境,让学生想想,小蜘蛛开店失败的原因是什么呢?如果你是店老板,你有什么好的办法或策略让小蜘蛛的商店继续开下去,而且生意火爆呢?这样的活动让学生过一把老板瘾,学生肯定很感兴趣。然后让学生小组合作填写营销策略表,分析原因和提出新的营销策略,我们还可以选出最佳营销策略,然后续编故事,使故事讲得更生动、更有趣,进一步锻炼学生的想象力、思维力和表达力。

表 6-4

开店失败的原因	新的营销策略

三个活动,让学生充分参与,动手、动脑、动口,使复述从易到难,从讲完整、讲清楚、讲生动的梯级实现复述能力的螺旋上升。

指向 语文要素的学习活动设计

第四节　中年段复述学习活动设计

在上一节的学习中,介绍了低年级复述的活动设计,这一节我们来关注中年级复述的活动设计。

一、明确目标

如何来设计学习活动呢?首先,要关注的就是:学习目标的分析与设定。

《义务教育语文课程标准》2011版,第二学段阅读目标中,有关复述的表述是:"能复述叙事作品的大意,初步感受作品中生动的形象和优美的语言,关心作品中人物的命运和喜怒哀乐,与他人交流自己的阅读感受。"在"口语交际"的阶段目标中提出:"听人说话能把握主要内容,并能简要转述"。

分析这些表述,不难发现,中年级复述的学习,不仅仅要关注情节,还要关注作品的语言、情感主题、表达效果等,能详细复述。并且,在这个基础上还要提升把握"主要内容"的能力,带有"转述"的要求,能详略得当地简要复述。同时,与低年级相比,更加注重语言的积累、言语表达的方式、话语的感染力等。

二、明确学情

那么要实现以上目标,中年级的学生又有怎样的基础呢?

这个学段的小学生的心智从不成熟到逐渐成熟,他们能够将读出来的音和词句的理解整合起来,所以在进行复述时较一、二年级的小学生多了初步感受作品中优美的语言,关心作品中主要人物的命运和喜怒哀乐这一步骤。

同时,进入中年级之后,学生的思维也由形象思维向逻辑思维转变,他们的语言能力也有一定的提高。通过低年级的训练,学生已经具备了根据提示能抓住基本情节,复述出故事的大概面貌的基础。因此,中年段复述的训练重在语言的逻辑性和层次性方面的提升,但学生的抽象概括的能力还不完善,所以对于较长的叙事作品,梳理故事的主要内容,按顺序、有详有略复述情节,需要指引和提示。

三、明确支架

明确了目标，了解了学情基础，从而能知道学生的最近发展区。如果选择了适切的学习支架，设计有效的学习活动，就能促进复述要素的落地。

中年级语文教材中，有两个单元与复述有关。

三年级下册第八单元，这个单元的语文要素是"了解故事的主要内容，复述故事"。人文主题是"有趣的故事"，编排了精读课文《慢性子裁缝和急性子顾客》《漏》，略读课文《枣核》《方帽子店》4篇课文。这几篇课文篇幅比较长，梳理故事情节并按顺序复述，不遗漏重要情节，是学生复述时的难点。

《慢性子裁缝和急性子顾客》一文提供了按照时间顺序的表格，《漏》一课提供了按照地点变化顺序的示意图和文字提示。这两个复述学习支架，都意在根据提示在文中提取关键信息，按一定的顺序组织语言，从而能有条理完整地进行复述。

四年级上册第八单元，这个单元是以"古代故事"为主题，编排了精读课文《王戎不取道旁李》《西门豹治邺》和略读课文《故事二则》，语文要素是了解故事情节，简要复述故事。简要复述就要求学生在抓住课文主要内容的时候，对于其他内容可以适当省略。

《西门豹治邺》一文就提供了主要情节的要点梳理提示，意在指引学生抓住情节要点，按照起因、经过、结果事情发展顺序来复述，经过是要详细复述的内容，其他内容可以简略。

总的说来，三年级复述提供的示意图、表格支架，侧重点在于按顺序梳理情节，不遗漏重要情节，能详细复述。四年级复述提供的关键词支架侧重简要复述，详略得当。

四、学习活动设计

如何依托这些支架工具，来设计学习活动呢？下面以三年级下册第八单元《慢性子裁缝和急性子顾客》为例来说一说。

这篇文章主要讲了一位急性子顾客到裁缝店里做棉袄，慢性子裁缝答应明年冬天交货。第二天急性子顾客要求改成夹袄，第三天又要求改成短袖衬衫，裁缝都同意了。第四天，急性子顾客又要求改为春装，结果慢性子裁缝连料子都没有

指向 语文要素的学习活动设计

裁。这个故事生动幽默,内容浅显易懂。篇幅虽然较长,但文中关于时间的语句使故事脉络十分清晰。

课后习题中搭设了"表格"这个学习支架工具,如何利用它来设计学习活动呢?下面我们来看看课堂教学的片段。

《急性子顾客和慢性子裁缝》教学片段

一、学习活动一:填一填

师:通过学习,我们知道了这篇课文主要讲的是急性子的顾客到裁缝店里做衣服的故事。那么急性子的顾客一共去了裁缝店几次呢?每一次和慢性子的裁缝发生了什么样有趣的故事呢?请找出课文中相关的段落来阅读一下他们之间发生了哪些有趣的故事,然后完成黑板上的这个表格。

师:我们来看看顾客去的第一天,他有什么样的要求呢?

生:他想做个棉袄,要当年冬天取。

师:那么裁缝是什么样的反应呢?你继续说。

生:裁缝把顾客说服了。

师:第二天的呢?

生:改成夹袄,然后明年冬天取。慢性子裁缝也同意了。

师:第三天呢?

生:第三天,急性子顾客要求慢性子裁缝把夹袄改成短袖衬衫,慢性子裁缝说没问题。

师:那最后一天,全班一起来,好不好?

师:顾客要求是什么?

生(齐声):改成春装。

师:对了,改成春装。那裁缝呢?

生:也可以做。

师:也可以做,但是……

生:没裁料。

二、学习活动二:理一理

师:是的,他根本就没有裁料。很好,那么我们通过这个表格把故事大致的内容都已经横向梳理完了,那接下来我们来看一看。

师：我们来看看第一列，你发现了，这个是什么？

生：时间。

师：什么的时间？

生：故事的时间。

师：这是这个故事发展的一个时间的……

生：顺序。

师：对了，时间的顺序。那么来看看后面的这两列是什么？

生：顾客的要求和裁缝的反应……

师：也就是故事的两位主人公，他们在这个故事当中的主要的活动，也就是说他们在这个故事里面发生了什么。

三、学习活动三：讲一讲

师：你看，一个表格就能够把我们这么长的一篇故事分析得这么透彻，让我们对故事的内容一目了然。那么，接下来，我们把书合上，动作快，那我们能不能借助这个表格来复述这个故事呢？

师：一起复述可能有点难，没关系，老师给大家一些建议，我们分步来，怎么样？

生：好。

师：那么，我们先来第一天吧。

生：讲了第一天急性子顾客来到慢性子裁缝的店里，他说他跑了三家裁缝店，这是第四家。他要做棉袄，然后慢性子裁缝就把他说服了，并说要当年冬天才能取。

师：已经告诉，在冬天可以取，对不对？然后裁缝也怎么样？……

生：答应了。

四、学习活动四：练一练

师：好，故事有时间，还有顾客的要求以及裁缝的反应。我们就按照刚刚的方式，来讲讲第二天、第三天和第四天的故事。前后桌互相讲一讲，练一练。

（学生练习）

师：老师点三个人，你们来按照顺序依次讲一讲。

生：第二天，急性子顾客等不及了，又跑到裁缝店里说："能不能把我的棉袄里面的棉花抽掉，改成夹袄，我等不及了。想要在秋天就穿上新衣服。"裁缝点点头,答应了他。

生:到了第三天,急性子顾客急急忙忙地到慢性子裁缝的店里,说:"我要把夹袄的袖子剪掉,变成短袖衬衫,要在夏天就能穿上。"慢性子裁缝回答他:"没问题,我这就剪。"

生:第四天,急性子顾客又跑到慢性子裁缝的店里,说:"我再也等不及了,请把上次剪掉的那一部分再接上去,改成春装,明年春天就可以取。"裁缝这次说:"当然可以,但是……我还没有开始做呢。"

师:他们三个人讲到了故事的时间,还有故事的人物,以及故事的人物的要求。不错。

五、学习活动五:试一试

师:你看,我们把这些故事分开,按照表格,一个一个分开来讲,这个故事似乎特别的简单。可是,我们的故事不是一节一节的,而是完整的。老师想试试大家,有没有整合故事的能力,有谁愿意试一下,根据表格把故事完整地复述一下呢?

生:有一天,一个急性子顾客来到慢性子裁缝的店里,他说:"我已经跑了三家裁缝店了,我实在是等不了那么久,我想今年冬天就能穿上新的棉袄。"慢性子裁缝把他说服了。第二天,急性子顾客急急忙忙地跑过来,说:"我实在是等不了这么久了,我想在明年秋天就能穿上一件漂漂亮亮的夹袄。"慢性子裁缝点点头,答应了。第三天,急性子顾客又跑来裁缝店里,对慢性子裁缝说:"我实在是等不了这么久了,您还是帮我把夹袄的袖子剪掉,改成短袖衬衫吧。"慢性子裁缝点点头,表示没问题,说:"为您服务,没说的。"又过了一天,急性子顾客又急急忙忙跑过来说:"您还是帮我改成春装吧,我想在明年春天穿上新衣裳。"慢性子裁缝说:"当然可以,但是,我还没开始裁料呢。"急性子顾客十分气愤,而又惊讶地瞪大了眼睛,慢性子裁缝提醒他,说:"你可别忘了,我可是一个慢性子的裁缝呀!"

师:她不仅仅把故事的内容给我们讲清楚了,而且她还加上了什么?

师、生:表情……动作……

师:还有人物的一些……

师、生:语气、神态

师:让我们听的人如痴如醉!你看,我们用一个表格,就能将这么长的故事讲得这么清楚,讲得这么生动,而且人物的形象也非常的鲜明。

第六讲 学习活动设计——复述

从课例片段中可以看出,利用这个表格设计的第一个学习活动是:填一填,学生从文中提取有效信息;第二个学习活动是:理一理,纵向梳理故事的顺序,了解故事的主要人物;第三个学习活动是:讲一讲,利用横向的第一个表格,指导学生如何讲好第一个情节;第四个学习活动是:练一练,学生练习横向的第二、第三、第四的情节;第五个学习活动是:试一试,把三个横向的小故事连起来,复述全文。

这些学习活动的设计,推动了学习过程,极大程度地使目标聚焦化、学习过程活动化、课堂结构化,让复述这个要素真正在课堂中落地。

指向 语文要素的学习活动设计

第五节　高年级复述学习活动设计

在上一节中,我们介绍了中年级复述的学习活动设计,这一节我们将关注高年级复述的学习活动设计。

一、明确目标

《义务教育语文课程标准》2011版,第三学段阅读教学标准中,有关复述的表述:了解事件梗概,能简单描述自己印象最深的场景、人物、细节,说出自己的喜爱、憎恶、崇敬、向往、同情等感受。在口语交际中也提出能抓住说话的要点,并能简要转述的要求。分析这些表述,我们发现在复述时不仅要能抓住要点,还要能表达自己的感受,也就是说在复述时,要带有学生个人对文本的理解,有创造性的表达。同时,也看出了高年级的复述是在中年级的基础上循序渐进、螺旋上升的,从有顺序、有重点到有自己感受的创造性复述过渡,有梯度又有提升。

二、明确学情

五到六年级的学生刚好处于形式运算阶段,形式运算阶段的儿童思维发展已经接近成人的水平,他们可以通过自己对于故事的理解,简单复述出故事梗概,并能准确地表达出自己对于文中人物的情感。所以高年级的复述,是在中年级详细、简要复述的基础上,加上自己的理解进行创造性的复述,培养学生口头表达的能力和讲故事的表现力。

三、明确支架

如何搭设合理的学习支架达成目标?

五年级上册第三单元,这个单元的主题是"民间故事",编排了两篇精读课文《猎人海力布》《牛郎织女(一)》和一篇略读课文《牛郎织女(二)》。这三篇文章都是中国民间故事的经典之作。语文要素是"了解课文内容,创造性地复述故事",

和《课标》中能简单描述自己印象最深的场景、人物、细节,说出自己的喜爱、憎恶、崇敬、向往、同情等感受,是关联的。

"创造性复述"如何表达自己的感受,应该包含四层含义:第一层含义是"复述形式上的创造",让学生了解复述并不是只局限于口头复述,还可以用其他多种丰富的方式进行,如可以配上相应人物的动作和表情,也可以画连环画并配上文字让读者有画面感等;第二层含义是"复述内容上的创造",让学生知道复述故事可以在了解内容的基础上进行创编,如可以大胆想象丰富故事的细节,如人物对话、增加合理情节等;第三层含义是"复述人称上的创造",复述故事人称上也可以有创新、如把自己设想成故事中的人物,以他的口吻讲,让故事更有新鲜感;第四层含义是"复述顺序上的创造",复述故事可以变换情节顺序,如先讲结局,设置悬念吸引听众。

《猎人海力布》课后第二题让学生以海力布或者乡亲们的口吻,讲一讲海力布劝说乡亲们搬家的部分。这是一个角色扮演的支架。这就意味着学生改变了身份,要投入到这个角色当中,转换人称来复述。那么,就要知道到其所扮演的角色,他的所见所闻所知所想,讲述时的动作、表情甚至是语言的处理,这些都包含了学生对文本的个性化的理解,所以角色扮演这一支架的搭设,实则把创造性复述四个含义都融合在其中。

《牛郎织女(一)》课后练习2是"课文中有些情节写得很简略,发挥想象把下面的情节说得更具体,再和同学演一演",这里给的支架是想象和表演,引导学生发挥想象丰富故事情节,同时以表演的形式调动多种感官,引导学生运用课文的语言,进行有情景的创造性复述。

《牛郎织女(二)》以"课前提示"的形式引导学生运用"绘制连环画配文字"的方法复述故事,为学生搭设了支架。

无论是角色扮演讲述、想象、表演还是绘制连环画配文字,这些支架侧重的都是创造情境,触发学生想象力,让学生在详细或简要复述的基础上,通过创造性地复述,表达出自己独特的感受。

四、学习活动设计

下面,我们以《猎人海力布》为例,来看一个学习活动设计的案例。

概述 讲述 转述
——统编教材五年级上册第三单元《猎人海力布》学习活动设计

一、教材解读

这一套统编教材采取"人文主题"和"语文要素"双线组织单元，对于语文要素进行了螺旋上升、循序渐进的系统安排。复述在第一、二学段都有训练。从纵向看，由借助示意图复述，到了解故事主要内容，详细复述到简要复述，再到本学期的创造性复述，统编教材在编排上注重循序渐进，螺旋上升。

这一组教材人文主题是"民间故事"，语文要素是"了解课文内容，创造性地复述故事，提取主要信息，缩写故事"。无论是课文、口语交际，还是语文园地，都有针对如何创造性复述故事的方法提示。如《猎人海力布》借助课后练习试着以海力布或乡亲们的口吻，讲一讲海力布劝说乡亲们赶快搬家的部分；《牛郎织女（一）》借助课后练习"课文中有些情节写得很简略，发挥想象把下面的情节说得更具体，再和同学演一演"。表演本身就意味着创造性地复述课文中的内容。口语交际《讲民间故事》和《语文园地》中的"交流平台"是对本单元语文要素如何落实的一个梳理，除了延展更多的民间故事外，还将课文中学到的方法进行了概述。

这一课教材是五年级第三单元的首篇课文，讲的是猎人海力布因救了龙王的女儿，得到能听懂动物说话的宝石，但不能把动物的话告诉其他人，否则会变成石头。后来，为救乡亲们，他把从动物那里得到的可怕消息告诉大家，而变成了石头。故事赞美了海力布热心助人、舍己为人的高贵品质。学习通过多种形式创造性复述，即：用表演方式学习复述形式上的创造，用"添油加醋"的方式学习复述内容上的创造，用角色扮演的方式学习复述人称上的创造，用联系前后文内容的方式学习复述顺序上的创造。

二、学习目标

1. 正确认读 4 个生字，会写 11 个生字，正确理解"酬谢""牺牲"等词语的意思。

2. 练习默读课文，了解海力布从获得宝石到变成石头的经过，概述课文，体会海力布热心助人、舍己救人的高贵品质，感受民间故事所传递的真善美。

3.能以海力布或者乡亲的口吻讲述海力布劝说乡亲赶快搬家的部分,学习创造性复述故事。

三、学习重点、难点

学习创造性复述故事。

四、指向复述的学习活动设计

活动一:概述——一张导图,两个故事

1.完成思维导图,梳理故事

默读课文,(出示思维导图)学生利用思维导图,全面清晰地梳理课文内容。

2.结合思维导图,合并情节

交流思维导图中填写的内容,引导学生合并相关情节,把整个故事概括成三个部分。

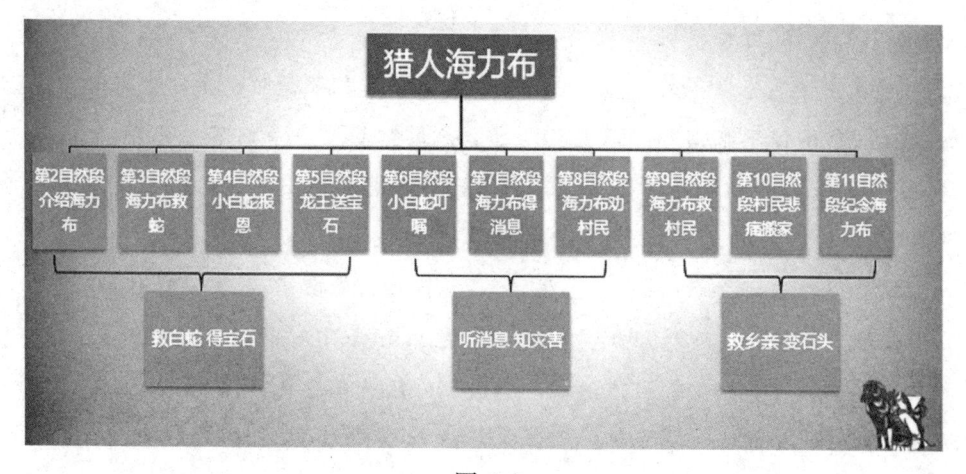

图 6-2

3.利用导图,概述故事

引导学生说说几件事情的联系和故事中前后关联的细节,引导发现海力布"救白蛇得宝石"和"救乡亲变石头"这两个故事之间的关系,知道前一个故事埋下的伏笔,在后一个故事的发展中一步步呈现出来,在此基础上概述课文。

(设计意图:学习创造性的复述,首先要建立在对文本的熟悉上,而本文相对较长,对于学生全面把握故事情节有难度。基于此,这个活动的设计,需要为学生搭设学习支架,这里用的工具是:思维导图。通过一张导图,让学生梳理出故事内容,进而合并相关情节,概括关于海力布的三个故事,进而概述课文。)

活动二:讲述——一句话,三句话

1. 熟悉情节,朗读体会

(1)聚焦第八九自然段,学生默读批注,最能体现海力布"舍己救人"精神的细节。

(2)全班交流,引导学生关注海力布的语言、神态,关注语气词和标点,体会人物由着急到镇定的内心活动,感悟海力布舍己救人精神的伟大。

出示:急忙 急得掉下眼泪 镇定

咱们赶快搬走吧!

这个地方不能不住了!

赶快搬走!再晚就来不及了!

(3)指导朗读,感受海力布内心的变化,感悟他的精神的伟大。

2. 联想提示,详细讲述

(1)在朗读熟悉情节的基础上,引导学生想象海力布在劝乡亲们搬家时,"急忙、焦急、急得掉下眼泪"背后,究竟是怎么想的?看到乡亲们不愿离开,他的想法、语言还可能有什么具体变化?最后又是怎样决定说出实情的?帮助学生打开思路。

(2)在学生关注乡亲时,引导学生思考:忽然听到要搬家,要离开居住的地方,会怎么想?怎么说?听到海力布说出实情,忽然变成石头,又会有怎样的变化。

(3)出示提示,学生练习"添油加醋",由一句话展开想象,变成多句话,详细讲述劝搬家和说实情这一段故事。

海力布听到消息后,他心里想:_____

海力布急得眼泪都掉下来了,他心里想:_____

海力布镇定下来了,他心里想:_____

乡亲们听到海力布要他们搬家时,他们心想:_____

乡亲们看到海力布急得掉下眼泪时,他们议论纷纷:_____

乡亲们看到海力布变成石头时,他们_____

(设计意图:通过概述,为创造性复述打好基础。这个活动聚焦关键情节,抓住细节,在朗读品味人物形象的基础上,引导学生走进人物的内心,"添油加醋"地进行详细复述故事,有助于学生对故事思想内容有更深入地理解,这也是在复习第二学段中把握细节详细复述的方法。通过教师和学生对一个片段的共同复述,让学生温习方法,迁移运用,对故事的内涵有了自己的感悟,为创造性地复述打下基础。)

活动三:转述——一个故事,三种说法

1.范例引路,梳理转述要点

(1)学生扮演乡亲,讲一讲海力布劝说乡亲们赶快搬家的部分。

出示转述引子:那一天,海力布着急地劝我们搬到别处去,我们觉得很奇怪,心想:海力布是我们尊敬的猎人,怎么突然要我们搬家啊?住的好好的,搬家可不容易啊……

(2)引导发现转述要点:一是对话的转述,不是简单改变人称,应该整合对话内容,提取核心信息;二是转述人的角度,转述的内容要符合扮演人身份所知道的内容,可以加入合情合理的想象;三是故事情节的完整性。

(3)学生扮演乡亲,在引子基础上续讲故事。

2.尝试运用,学法迁移

(1)学生扮演海力布,以海力布的口吻讲述劝说乡亲们赶快搬家的部分。

出示引子:那一天,我听到一群鸟在那里议论……

(2)扮演石头,讲述来历

创设情景:有一队游客来到了海力布石头前充满了好奇,假如你就是这块石头,请你写个介绍,既要精炼语言,又要讲清事情的来龙去脉,让游客驻足游览时,能迅速了解海力布石头的来历。

(**设计意图**:有了对故事情节的清晰把握和人物形象的深入理解,学生对整个故事要表达的内容已经非常清楚。这个环节设计了三个不同视角的复述,让学生既学习了从不同角度看故事的侧重不同,又在视角的转化中,让学生灵活运用故事中的语言进行了创造性地复述,方法由扶到放,将创造性复述学习落到实处。)

这个活动设计,通过搭设层层支架,组织学生的学习活动,每一个支架目标明确,前一支架达成的目标,成为后一支架学情的基础,极大程度地使目标聚焦化、学习过程活动化、课堂结构化,让复述要素变老师教过为学生学过,提升学习的有效性。

第七讲　学习活动设计——描写

第七讲　学习活动设计——描写

第一节　"描写"要素解读与教材梳理

通过学习,大家已经了解"指向语文要素的学习活动"前讲的内容。这次我们要走进第七讲"描写活动设计"。

这一讲分为四节,分别是"描写"要素解读与教材梳理、"动态描写与静态描写"学习活动设计、"场面描写"学习活动设计、"人物描写"学习活动设计。

现在,让我们一起走进第一节。这一节,包括五部分内容:认识描写、描写的分类、认识描写要素的重要意义、统编教材中的描写要素梳理及教学注意要点。

一、什么是描写

在小学阶段,常见的表达方法有五种,即记叙、描写、说明、抒情、议论。那么,什么是描写?《现代汉语词典》指出"描写"就是"用语言文字等把事物的形象表现出来";搜狗百科则给出这样的定义:描写,描是描绘,写是摹写。描写就是用生动形象的语言,把人物或景物的状态具体地描绘出来。

著名特级教师薛法根老师在其著作《文本分类教学——文学作品》中指出"小说的描写性语言,则是指作者在具体的情节和场景中,利用各种修辞手段,对人物、场景、心理等进行有针对性的遣词造句的一种写作性手段。"

从以上的概念中,我们可以得出几点结论:

描写的性质:是主要的表达方法之一;

描写的对象:人物、事物、景物、场景等;

描写的语言:生动形象,利用各种修辞手法;

描写的目的:让读者读了以后能如见其人,如闻其声,如临其境;

二、描写的分类

根据不同的标准,描写有不同分类,在日常学习中,涉及的主要是这几类。

(一)从描写的对象分

可以分为人物描写、环境描写、场面描写。

人物描写，指对人物的描写，又可细分为外貌描写、动作描写、心理描写、神态描写和语言描写；

环境描写，指对自然环境和社会环境的描写，可以分为自然环境描写和社会环境描写。自然环境描写，又可叫景物描写，指对景物的描写；社会环境描写，是对一定历史时期的社会情态、生活风尚、风土人情的描写。

场面描写，是对特定的时间和空间条件下，以人物活动为中心的生活画面所做的描写。

（二）从描写方法分

可以分为动态描写与静态描写。静态描写，一般是平面化、静止的人物与景物的描写；动态描写，则是对人物或景物的发展变化的情况的描写。这与"从描写对象分"一样，关注的都是人物、景物，但是关注点不同，动态静态描写更多是在变化与否、发展情况的描写上。

（三）从描写的角度分

可以分为正面描写和侧面描写。正面描写是对人或环境的直接描述；侧面描写，通过对其他人或环境的描写，从侧面烘托所写人物、所写之景，从而收到"烘云托月"的效果。

（四）从描写风格分

可以分为白描和细描。白描，是抓住事物主要特征，以简洁的语言勾勒事物形象；细描，是对事物一笔一画地精雕细刻，也可称为"工笔"，也就是通常理解的"细节描写"。

二、了解认识描写要素的意义

几乎每一篇文质兼美的文章，都少不了大量的描写内容。描写，是作者对所描写对象特点的具体呈现，文字特别精炼，带有作者较强的个人色彩，读来更让读者产生对未知人物、事物、景物的认知，增强作品的感染力。要让学生感受文章的独特魅力所在，我们应该重视描写。再有，要想学生的习作生动具体，掌握描写的方法必不可少，因此，无论是从阅读训练要素还是习作表达要素来说，描写都应当是我们小学语文教学中一个非常重要的组成部分。

三、统编教材的描写要素梳理

当我们把与描写要素相关的单元列成一张表时,我们发现,"描写"作为阅读训练要素出现,是从四年级开始的。我们把相关要素列成一张表格如下。

表7-1

序号	年级册次	单元	阅读训练要素	表达要素
1	四年级上册	单元六	通过人物的动作、语言、神态体会人物的心情	记一次活动,把活动过程写清楚
2	四年级下册	单元七	从人物的语言、动作等描写中感受人物的品质	学习用多种方法写出人物的特点
3	五年级上册	单元六	注意体会作者描写的场景、细节中蕴含的感情	用恰当的语言表达自己的看法和感受
4	五年级上册	单元七	初步体会课文的静态描写和动态描写	学习描写景物的变化
5	五年级下册	单元四	通过课文中的动作、语言、神态描写,体会人物内心	尝试用动作、语言、神态描写,来表现人物的内心
6	五年级下册	单元七	体会景物的静态美和动态美	搜集资料,介绍一个地方
7	六年级上册	单元二	了解文章是怎样点面结合写场面的	尝试用点面结合的写法记一次活动
8	六年级上册	单元四	读小说,关注情节、环境,感受人物形象	发挥想象,创编生活故事
9	六年级下册	单元四	关注神态言行的描写,体会人物的品质	习作时选择适合的方式进行

梳理这个表格,从次数来看,在统编教材的四五六年级六册书中,共有9个单元的语文要素与"描写"有关,四年级出现2次,五年级出现4次,六年级出现3次。

辨析描写的类型,分析以上表格,会发现这些单元大致可以分为指向单一描写要素的单元和指向多个描写要素的单元。

指向单一描写要素的单元，指一个单元只落实一个描写要素，有7个单元：一是人物描写，主要是把握人物的语言、动作、神态，体会感受人物的品质、内心，如四上单元六、四下单元七、五下单元四、六下单元四；二是环境描写，如五上单元七，"静态描写""动态描写"直接指向单纯的自然环境描写的方法；五下单元七，则是要体会静态美和动态美，毫无疑问，这也是直接指向自然环境的；三是场面描写，如六上单元二直接指出要了解文章是怎样点面结合描写场面的。

指向多个描写要素的单元，指一个单元同时要落实多个描写要素，这样的单元有两个：一是五上单元六，要求体会场景细节中的感情；二是六上单元四，则是要求通过情节和环境描写，感受人物形象。

第二节 "描写"教学建议

"描写"如此重要,在教学中应注意哪些问题呢?

一、走进文本,加强描写意识

在小学语文阅读教学中,语文教师要带领学生走进文本内容,来加强学生的描写意识。语文教师要根据课文的主旨,从课文表达的视角进行研读,让学生根据细节的描写感受文章所蕴含的中心思想。

二、渗透描写知识,掌握描写方法

在小学语文阅读教学中对学生描写能力的培养,主要让学生掌握一定的描写知识。从描写的对象来说,包括人物描写、环境描写、场面描写;从描写的角度上有正面描写、侧面描写;从描写手法上看有细节描写、白描和粗笔等。除此之外,描写中还会用到比喻、拟人、想象、夸张、排比等多种修辞手法。在具体的课文中,还会蕴含着作者的个性化描写表达。因此,语文教师要引导学生发现作者描写过程中运用的方法、技巧等,为学生渗透写作知识,提高学生的写作能力。

三、开展描写训练,提高实践能力

描写是语言的实践,在阅读教学中语文教师对学生要开展针对性的描写训练,来培养学生的描写能力。语文教师可以引导学生学习作者的写作顺序和描写手法,将课文内容结合情境,帮助学生吸收写作知识。语文教师不仅要让学生学习作者描写的角度和运用的描写语言技巧,还要让学生明确内容的重点描写。因此语文教师要引领学生把握作者表达过程的思路,理清课文的脉络,来提高学生的描写能力。

四、不能拔高要求

描写很重要,但是在 2011 年版的《义务课程标准》,小学阶段并没有明确提出与"描写"相关的要求,直到第四学段的"阅读"中才明确指出"在阅读中了解叙述、描写、说明、议论、抒情等表达方式。"这提醒我们在教学实践中,引导学生认识、掌握描写的相关知识,不能拔高要求。

五、要提供支架,设计学习活动

结合学生的年龄特点,在学习"描写"要素的过程中,教师不能过多地讲解相关专业名词,更要通过具体的语言文字材料引导学生感知、体会,借助学习支架,巧妙设计学习活动,引导学生在学习实践中去认知、了解描写的相关知识,进而转化为书面表达能力。

例如可以借助表格、多篇文章来引导学生进行比较阅读,对比发现各个描写对象、方法的不同。例如周奇老师曾执教《不一样的语文味道》课例中,为让学生明白说明文的说明方法的不同,他四两拨千斤,仅仅用了6篇学生熟悉的课文,再加上1篇借助字典形成的文章,进行分类、对比、品味、概括后,散文、说明文的特点便轻而易举地显示出来,学生们也借助具体可感的文本材料明白了不同文体有不同"味道",初步明白了描写是有分类的。

可以适当引入课外阅读资料进行比较阅读。温儒敏主编提出"1+X"阅读,他指出:所谓"1+X"的办法,即讲一篇课文,附加若干篇泛读或者课外阅读的文章,让学生自己读,读不懂也没关系,慢慢就弄懂了。由于"描写"涉及的概念对于学生来说比较抽象,因此在进行教学时,为了让学生能从语言文字中得出认识,可以提供同类的文章若干篇,教师可以引导学生边阅读边用不同的符号圈画不同的描写方法,来进行"1+X"阅读训练。

第三节 "动态描写与静态描写"活动设计

这一节,我们继续走进《指向语文要素的学习活动设计》第七讲第三节,学习《动态描写与静态描写的要素解读及活动设计》。

这一讲我会从以下四个角度进行阐述。

1. 从概念诠释的角度

2. 编排理念

3. 单元解析

4. 活动设计

一、版块一:"动态描写与静态描写"的概念诠释

上一节我们知道了常见的五种表达方法有记叙、描写、说明、抒情、议论。所谓描写就是用语言文字把事物的形象表现出来。

根据描写分类,从对象分:人物描写、环境描写、场面描写等;从方法分:动态描写与静态描写、概括与具体等。这节课我们所聚焦的就是"动态描写与静态描写"。动态描写,是指文中对人物、景物作运动状态下的描写。静态描写,是指文中对人物、景物作静止状态下的描写。动态描写和静态描写都是文中运用最普遍、最基本的一种方法,常联袂相生。

"动态描写与静态描写"经常出现在"环境描写类"文章,在阅读时,我们要关注三点。

1. 关注事物的静态:阅读时注意描写的静物是什么样子,作者是直接勾画,还是运用丰富的词句来描述。

2. 关注事物的动态:阅读时要注意事物是按什么顺序活动变化的,及变化中某一时刻的特征。

3. 关注静态与动态巧妙融合:阅读时注意事物的动态情状与静态情状交错融合,使画面变得丰富多彩。

二、版块二:"动态描写与静态描写"的编排理念

我们要想指向"动态描写与静态描写"语文要素的学习活动设计落地,就要对学习目标定位清晰,这就要求对"动态描写与静态描写"要素编排位置和关联进行解析,了解要素编排意图。

静态描写和动态描写,从阅读体会的角度,需要阅读者——学生运用想象策略,将文字在脑海中转化为画面景象,判断文章描写的景物是静态的还是动态的;其次从写的角度看,静态描写和动态描写,反映的是作者对景物特点的捕捉,这种"捕捉",需要观察,需要情绪的共鸣;再加上单元选文主要是写景文;因此我们从纵向上梳理出本要素在教材学习中所处的位置。如下表:

表 7-2

单元	语文要素
五	体会作者是怎样留心观察周围事物的
一	一边读一边想象,体会优美生动的语句
七	了解课文是从哪几方面把事物写清楚的
一	边读边想象画面,感受自然之美
五	了解课文按一定顺序写景物的方法
七	初步体会课文的静态描写和动态描写
七	体会景物的静态美和动态美
一	感受课文中丰富的想象,深入理解内容

从这张表中"静态描写和动态描写"要素编排位置我们得出:统编本教材的编写理念,是有梯度地落实学生的语文素养。

从关联角度看:体会静态描写和动态描写;需要边读边想象画面情景;需要善于观察和发现;而观察和发现的能力需要循着从低到高一定的路径发展。

从位置角度看:让一到四年级学生系统地学习观察和发现景物;让五年级上的学生初步认识感知静态描写和动态描写;让五年级下的学生从审美角度来欣赏静态和动态描写,并能体会美与情趣。

以上两点说明统编本教材的编写理念,是由浅入深,由易及难,有梯度地落实

学生的语文素养。

三、"动态描写与静态描写"的单元解析(以统编本五年级上册七单元为例)

(一)单元内容分析

本单元的语文要素是"初步体会课文中的静态描写和动态描写"。为了借助具体的文本,让学生在阅读实践活动中体会文本中的静态描写和动态描写,这个单元围绕"四季之美"这一人文主题,编排了《古诗词三首》《四季之美》《鸟的天堂》《月迹》等4篇课文。静态描写和动态描写,主要是写景文中为了表现景物的不同特点而运用的写法。本单元选文,也就主要是写景的诗文或者以写景为主要内容的文章。如:唐代王维的五言律诗《山居秋暝》描写了初秋时节山居所见雨后黄昏的景色;唐代张继的绝句《枫桥夜泊》描写了江南深秋的夜景;清代纳兰性德的词《长相思》则写了出关路途的艰辛、夜晚塞上风雪的凄迷;日本作家清少纳言的《四季之美》依次描述了春夏秋冬一年四季富有情趣的景象;巴金《鸟的天堂》写初夏时节两次经过"鸟的天堂"看到的如诗如画的自然胜景;贾平凹《月迹》描绘了中秋月的变化轨迹,也是孩子们寻找美的足迹。

研读完单元选文,仅仅了解选文内容是不够的,本单元的语文要素也只是一句"初步体会课文中的静态描写和动态描写"的表述,并不等于可以直接指向课堂学习活动设计的目标定位。

(二)梳理问题

从以上内容的分析,我们可以从如下几个问题入手,进行思考。

1. 如何在学习活动中将"初步体会课文中的静态描写和动态描写"这一语文要素转化为可操作、可检测、具体化的学习目标?让教和学的活动落地。

2. 学生要如何能"初步体会课文中的静态描写和动态描写"?"体会"是种基于实践的心理感受活动,那么如何通过学习活动实践让学生"体验"静态描写和动态描写来"领会"景物的特点及带来的感受?

(三)确立目标

有了这样思考,我们对单元目标定位就更加全面,确定了三个维度目标。

指向 语文要素的学习活动设计

1.学生学习目标

2.教学内容目标

3.单元评价目标

在"学生学习目标"的方面,须关注两点。

(1)习得语文要素:初步体会课文中动态描写与静态描写。

(2)习得表达要素:学习描写景物的变化。

在"教学内容目标"方面,须关注如下四点。

(1)学习《古诗词三首》时,除了涵泳积累,要通过对具体诗句所表现的景物状态做出判断,区分静态描写和动态描写。

(2)《四季之美》,联系上下文判断出文章中主要写的是动态的景物,通过对这些动态描写的想象、朗读,体会这些动态描写所表现出的情趣。

(3)《鸟的天堂》,通过对比,发现静态描写和动态描写表现出来的事物不同特点和相互之间的联系,领会作者在不同情况下对景物分别进行静态描写和动态描写的用意。

(4)《月迹》,从导读就可以看出,学生应该对文中的静态描写和动态描写有了一定的阅读敏感并能体会具体文字所表现出的情趣。

"单元评价目标"方面,更多体现在学习活动中的表现性评价,须特别关注以下四个方面。

(1)学生能根据文字想象画面,用朗读准确表达自己的理解;

(2)学生能将自己喜欢的句子反复背诵,进行积累;

(3)学生能通过对比,发现朗读可以通过语速、语调和节奏表达不同的情感;

(4)学生能运用描写景物的方法,描写景物要有动有静,写出变化。

四、学习活动设计(以五上七单元《四季之美》这篇课文为例)

(一)本课教材分析

《四季之美》是篇散文,按一年四季的顺序描写了春天的黎明、夏天的夜晚、秋天的黄昏和冬天的早晨,不同时间的景致。作者以细致的笔触描写出不同时间、不同景物的动态变化,营造出"四季之美"的氛围。散文有独特的言语韵味,只有通过朗读才能读出色彩,才能读出静动变化,才能读出这些动态描写所表现出的情趣,因此学习活动的设计要强调让学生去发现文章言语形式的奥妙。

(二)本课学习目标设定

我知道:认本课新词,会写9个生字;能通过朗读从语言中找到景物的变化特点。

我理解:通过对这些动态描写的想象、朗读,能体会景物的动态美,感受散文独特的言语韵味。

我能做:学习景物动态描写的方法,能描绘生活场景中景物的变化。

以上是三个维度的学习目标。"学习目标",顾名思义,是指学生在这节课要达到的学习目标,以学生学习需求为主体。我们传统的"教学目标"更倾向于我们老师要教什么,即从固定的教材、擅长的教法,以及常见的活动开始思考教学。换句话说,太多老师都只关注自己的"教",而不是学生的"学"。以教师"教学导向"的设计思路,课堂只能是知识教知识,技能教技能,以学生"学习导向"的设计思路,从以上设定指向学生学习要达到的三维目标,我们可以看出:

我知道:学生该知道哪些知识。

我理解:学生应获得哪些超越学习内容的知识迁移与理解。

我能做:学生要学会并能使用哪些技能。

能让事实性知识走向概念性的理解,让知识发生迁移,转化为学生的技能。这就是让真实学习的发生。

接下来我们以此目标,进行相应的学习活动设计。

(三)学习活动设计

针对以上学生要达到的这三个维度的学习目标,可以设计四个学习学习活动版块。

活动一:我想认识《四季之美》的作者

活动二:我想读懂《四季之美》的语言

活动三:我想了解《四季之美》的写法

活动四:我想尝试《四季之美》的写法

接下来为了更好地呈现学习活动过程,笔者以下提供了两个学习活动视频片段。

指向 语文要素的学习活动设计

活动一：我想认识《四季之美》的作者

教学流程如下：

1.师出示作者简介、《枕草子》经典语句。

2.学生安静地读资料并探讨从作者简介、片段文字中捕捉到的信息,进行思考：我觉得她是一个怎样的作家？她的文字给我什么样的感觉？

3.学生提炼本课核心问题：这样一位作家她笔下的文字会有怎样的独特之处？

4.小结引出话题：这节课我们就围绕这个问题走进《四季之美》一起来探究。

我们回忆下在第一讲中,周老师对"学习活动"的定义,是"为了学习而采取的行动"。基于此,真实学习的发生不需要过多激情,不需老师过多花哨的导入,而是真真实实围绕学生产生真实的问题而展开,本节课接下来的学习活动自然就是学生为了解决本节课引发的问题"这样一位作家她笔下的文字会有怎样的独特之处？",从而产生学生学习语文而采取的行动。

活动二：我想读懂《四季之美》的语言

教师通过三次读来达成目标。

通过第一遍读,引导学生发现中心句,和学生一起理清文脉,去发现结构的独特之处。

第二遍读,老师不只是给任务：去发现作者写作视角的独特之处,而是给学生提供学习支架,搭建学习梯子：

①同桌对学,完成学习单。

②同桌交流,讨论学习单的内容。

③组内变换不同形式的朗读,体会作者写作视角的独到之处。

第三遍读,走进细节,探究春的黎明视角,去发现景物变化（动态美）的独特之处。也为下一个学习活动,了解动态美的写法做辅垫。

在第一讲,周老师提过学习支架,往往外显为可见的一些学习单、表格、导图,或者是一些参与性比较强的任务、活动。目的是在同一时间里,让更多学生真实地参与学习。在这个学习活动中,我们看到了学生学习的主体性,这是学习活动最重要的特点。

活动三：我想了解《四季之美》的写法

有了学习春天"黎明"动态描写的铺垫,体会其他季节的"动态美"时,老师全

盘放手,给学生提供了学习支架和学习流程,让学生独立探究作者写法。教师出示:

自学问题:

你能用学习"黎明"的学法,找到其他季节的"动态美"吗?

自学流程:

(1)组长带领组员,自由朗读2～4自然段。

(2)小组合学,根据表格提示,在文本中圈画重点词句。

(3)组员汇报,能抓关键词,交流你的情感体验。

(4)组长根据讨论结果,完成表格内容。

在这样的学习过程中,学生成了学习活动的主体,学生有事情做,而且他们知道如何一步步去做。这就是比较理想的学习状态。或许这样课堂少了老师的激情铺设与层层追问,少了常见公开课语言的华丽与雕琢,但这应该是大部分学生学习最真实的状态。如果一节课只以教师精彩的讲解、学生听讲的形式参与课堂,学生高阶思维无从发展;如果仅靠师生一问一答来推进教学,学生主动学习、参与度就非常低了。

活动四:我想尝试《四季之美》的写法

我们可以看到从前面三个活动开展:从学生走近作者,引发问题,读懂语言,了解写法,到让学生仿写练笔则是水到渠成的事了。

总而言之,学习活动是以学生为主体,以学生学习开展为过程,以学生达到学习目标为目的,让学习真实的发生。

指向 语文要素的学习活动设计

第四节 "场面描写"学习活动设计

本节中,我们将围绕"场面描写单元整体学习活动设计"如何进行展开,以六年级上册第二单元为例。

单元整体学习活动的设计,应该要从三方面进行:一是整体把握,确定学习活动目标;二是纵横联结,规划学习活动方案;三是整合内容,设计学习活动板块。

首先我们来说说"整体解读,确定学习活动目标"。在这里,要解读的是单元语文要素。本单元的人文主题是"重温难忘的岁月,把历史的声音留在心里",属于革命题材,课文均以此为主题。阅读训练要素是"了解文章是怎样进行点面结合写场面的",习作要素是"尝试运用点面结合的写法记一次活动"。可见,本单元的人文主题与课文内容一致,读写要素统一。这样的单元,非常适合开展整体学习活动。

开展单元整体学习活动时,如何将这一抽象的语文要素转化为具体可见的语文知识和语文能力呢,也就是说如何让"了解文章是怎样进行点面结合写场面"这个阅读训练要素落地生根呢?这需要我们先解读要素。

一、解读要素

(一)要明确该要素在教材中的编排地位,清楚学情

统编教材中,提到"场面"的单元,有两个,一是五上单元六,阅读要素是"注意体会作者描写的场景、细节中蕴含的感情",指向情感体会;二是本单元,指向"场面描写"。这告诉我们学生对"场面"这个词语不陌生,陌生的是场面描写,陌生的是点、面的概念,陌生的是点面是如何结合写场面。这些,就是我们应该在本单元学习中让学生掌握的。

（二）要把握要素内涵

我们首先来界定"场面"。一说到场面,我们的脑海里会出现庄严肃穆的升国旗仪式,激动人心的运动会,热闹的菜市场,熙熙攘攘的广场……可是要下定义时,我们却有点疑惑,该怎么表述呢?

无疑,本单元所指"场面"应指"叙事性文学作品中,由人物在一定场合相互发生关系而构成的生活情景"。

1. 理解"场面描写"

根据"场面"的含义,场面描写可以理解为"对一个特定时间与地点内许多人物活动的总体情况的描写"。时间、地点,涉及环境描写;人物活动,涉及人物描写。可以说,场面描写是对几种描写方法的一种综合运用。

2. 理解点面结合写场面

点面结合,是文章写作中常用的一种方法,一般用于环境描写和场面描写中,它能突出重点,表现主题。点、面在不同的文章中,内涵各有不同。本单元涉及的场面以人物活动为主,因此,我们将"点"界定为最能表现人事、景物形态特征的详细描写;"面"界定为对人事、景物概括性的描写。点面结合写场面,就是通过"点"的详细描写和"面"的叙述或概括性描写的有机结合来表现场面。

3. 理解点面结合的方法

点面结合既有全景的描述,也有细致的特写,通过各种结合方法,力求做到有条不紊,主次明晰,写出特定场合的气氛。结合的方法,从顺序上来说,有先面后点式、先点后面式及面—点—面式;从数量上来说,有"一点带一面""多点带一面"等方法。

4. 确定学习目标

基于以上解读,我们能确定五个具体的学习目标,包括:

(1) 了解"点""面"和"点面结合";

(2) 知道可以通过人物描写和环境描写表现场面;

(3) 掌握"一点带一面"和"多点带一面"等点面结合方法;

(4) 能运用点面结合的方法写一次活动;

(5) 通过对点面结合写场面的把握,感受英雄人物的革命气概,激发学生对幸

指向 语文要素的学习活动设计

福生活的珍惜之情。

通过以上解读,我们解决了"教什么"的问题。

二、纵横联结,规划学习活动方案

接下来,笔者要谈谈如何"纵横联结,规划学习活动方案"。

(一)联结学情,确定学习活动重难点

对于六年级学生来说,本单元字词句学习不是难事也不是重点;重点应该是"了解点面结合写场面"这一要素,难的是对背景知识的不了解,不易引起情感上的真正共鸣。因此,确定学习活动重难点如下。

学习活动重点

1. 通过各种学习方法,认识点面概念,了解点面结合的方法,体会课文点面结合写场面的方法,感受革命先烈热爱祖国、英勇无畏的英雄气概。

2. 用点面结合的方法写一次活动,将重点部分写具体,做到既关注整个场景,又注意人物的动作、语言、神态等细节描写,表达自己的真情实感。

学习活动难点

体会课文点面结合写场面的方法,感受革命先烈热爱祖国、英勇无畏的英雄气概。

(二)要联结课文,确定各部分学习要求

本单元课文有《七律·长征》《狼牙山五壮士》《开国大典》《灯光》(含阅读链接)。

《七律·长征》作为单元第一篇课文,应在朗读感悟中让学生了解背景,渗透人文主题,奠定情感基础。

《狼牙山五壮士》一文中,既有对五壮士群体形象的描写,也有对每个战士的细致刻画。学习本文,要能区分出"点""面",了解场面描写中如何运用人物描写。

《开国大典》刻画的是新中国成立之际的"典礼""阅兵"两大场面,气氛热烈,场面宏大,明确体现出"一点带一面"和"多点带一面"的结合方法。在学习中,可通过对比阅读、完成表格等方式让学生发现点面结合方法,了解场面描写中如何

运用环境描写。

《灯光》"阅读链接",要运用精读课文中学到的方法,展开阅读,放手让学生发现、感悟。

习作"多彩的活动",是对"点面结合写场面"方法的直接运用,体现知识转化为能力;"交流平台"对"点面结合写场面"的方法、作用进行小结,我们要引导学生结合个人阅读、习作实践,进一步深化他们的认知。

三、整合内容,设计学习活动板块

设计学习活动目的在于让学生的学习具有可操作性,因此要灵活使用教材,精心设计学习活动,提供相关学习支架。根据以上分析,整合相关内容,本单元整体学习活动可分为七个板块。

板块一:借助资料,整体感知(1课时)

学习活动要点

1. 通读单元内容,整体感知,明确单元人文要素、阅读训练要素、习作表达要素。

2. 结合微课,梳理新中国走过的革命战争岁月。

设计理念:单元学习的第一课时,不进入单篇课文学习,而是让学生整体把握,这样有利于形成统一的学习目标和学习期待,为接下来学习奠定基础,体现"整合教材内容,形成统一认知"的特点。

板块二:学习《七律·长征》,体会情感,落实书写积累要求(共2课时)

学习活动要点

1. 学习掌握生字词,结合语文园地的"书写提示",培养良好的书写习惯,并能按要求抄写诗歌。

2. 读出诗歌的磅礴气势,并能背诵。积累、背诵关于热爱祖国、为国献身的名人名言。

设计理念:这一板块自然将语文园地内容与诗歌学习联系起来,体现"灵活使用教材,有效使用相关内容"特点。

指向 语文要素的学习活动设计

板块三：学习《狼牙山五壮士》《开国大典》，掌握相关知识点（共4课时）

学习活动要点

1.学习《狼牙山五壮士》，划出相关词句，了解课文写作顺序；抓住重点句子，知道可以通过描写人物的动作、语言、神态、声音等方面来表现特点，即知道写"点"的方法，进行场面描写中的人物描写训练。感受五壮士热爱祖国，英勇无畏的气概。安排2课时。

2.学习《开国大典》，细读"典礼""阅兵"，借助表格等学习支架领悟点面结合的写法；进行场面描写的环境描写片段训练。感受群众对新中国成立的激动心情，激发对开国领袖们的热爱。安排2课时。

设计理念：这一板块，是本单元教学重点，引导学生通过具体的学习活动，充分了解点面结合写场面的相关知识，为接下来的运用、交流奠定扎实基础。小练笔，既是一个小结，也是让学生"小试牛刀"的环节，目的是通过片段实践，初步尝试将知识转化为能力，体现了"突出重点，落实要素"及"精读掌握方法"特点。

板块四：拓展阅读，发现点面结合的方法（共3课时）

学习活动要点

1.根据自读提示，完成对《灯光》的学习。（1课时）

2.以"革命题材的场面细节描写"为主题，引导学生不仅要完成"阅读链接"，更要进行同一主题的阅读，充分感受场面细节描写中蕴含的情感。（1课时）

3.群文阅读《狼牙山五壮士》《开国大典》"阅读链接"，发现点面结合写场面的写法特点。（1课时）

设计理念：这一板块针对略读课文和"阅读链接"进行，不仅让学生运用精读课文中学到的方法展开自主阅读，体现"略读课文运用方法"的特点，更设计了主题阅读、群文阅读活动，即拓展"阅读链接"相关内容和单元文本，目的是让学生自主发现点面结合的不同方法。

板块五：开展演讲，表达情感（1课时）

学习活动要点

以"我爱祖国"为主题准备演讲稿并进行演讲。

设计理念:本板块是为了结合单元人文主题,尽量引导学生抒发爱国情感。当然,也尊重学生个人选择。演讲中表达情感的训练,渗透了习作中"表达情感"训练。

板块六:运用方法,进行习作(共 2 课时)

学习活动要点

用点面结合的方法写一次活动,将重点部分写具体,做到既关注整个场景,又注意人物的动作、语言、神态等细节描写,并能表达自己的真情实感,包括了习作前指导和习作后点评、修改。

设计理念:这一环节体现读写结合的运用,让学生将课文中习得的方法运用到习作中。

板块七 交流发现,巩固要素(1 课时)

学习活动要点

1.结合课文、习作,交流点面结合的作用、好处。

2.体会重复用语的妙处。

设计理念:这一环节,学习内容不多,也较简单,以交流体会点面结合的好处为主,进一步加深学生的认知、理解。

我们一起来观看一个学习活动视频。

课堂实录《群文阅读 发现特点》

(一)回顾课文,再次明晰点面

师:同学们,在前一段时间的学习中,我们学习了第二单元,了解了场面是由点和面组成的,知道了什么是点,知道了什么是面,那我现在想考一下大家,在我们这个师生上课的场面当中,你觉得点是什么?

生:我觉得是老师。

师:嗯,面呢?

生:面是同学们。

师:第二单元当中,你印象比较深刻的场面是哪一个?是五壮士跳崖呢还是《开国大典》里的哪一个呢?来,请你说一下。

指向 语文要素的学习活动设计

生：我印象比较深刻的是开国大典的"点"就是毛主席。然后毛主席在升国旗的时候，他按动电钮的时候印象比较深刻。

师：国旗升起来了，伟大的中华人民共和国成立了，我刚才问的好像是哪个场面令你印象比较深刻。来，请你回答一下。

生：我认为是"开国大典"里面升旗鸣炮的时候。

师：为什么呢？

生：因为当时有30多响。

师：30多响礼炮让你印象深刻是吧？好，请坐。郭嵘所讲的这个场面，他说他印象比较深刻，我们不妨一起来看一下，这个其实就是升国旗鸣礼炮的场面，同学们默读一下，找一找在这个场面当中，点是指谁？面又是指谁？请你来回答吧。

生："点"，指的是毛主席。他按动连通电动旗杆的电钮，点写的是毛主席的动作。面写的是三十万人的动作。

师：他分析得很具体，你们赞同吗？（赞同）

（二）结合实例，发现点面结合特点

师：这里呢，其实我们发现写到点和面，那你有没有发现在写点面的时候，它先写的是什么呢？说一说，先写的是？（毛主席这个点）再写的是（面）。

师：它写的是30万人这一个面，那如果就这个场面，我们说它们结合的方法，是先写什么？那先写点，再写面，这叫作先点后面。这是点面结合的一个方法。同学们，如果是说从数量上来看，它写到了几个点？（一个点）用一个点来带动整个场，我们从数量来说，这叫作一点带一面。

师：同学们，发挥一下你们的聪明才智，你认为在"点面结合"中还会有哪些结合方法呢？来，你吧，近一点。

生：我认为还有多点带一面。

师：你能解释一下什么叫多点带一面？（一段文字中有两个点）

师：在某段文章还是说某一个场面当中？

生：某一个场面当中，有两点或两个以上的点和一面。

师：你就认为这是多点带一面。你是从数量上来区分的。还有没有同学说说

第七讲 学习活动设计——描写

还可以是有哪一些组合方式?这边的同学很积极。来,请你说一说。

生:我觉得从先后顺序上分,可以是先面后点。

师:也许还有先面后点,是吧?请坐。还有吗?这个同学吧。

生:从先后上面来分,也可以分为面点面。

师:也许有面点面吧,请坐。看来,同学们都能积极地开动脑筋,说出自己的想法,那同学们,现在就在《开国大典》里面找一找,看看刚才那些同学所命名的结合方法,能不能在文章当中找到印证。

(学生找)

师:已经有四位同学举手了,要不就请这位同学来说一说吧。

生:大家请看第五自然段。第五自然段,它先写了群众也就是面,然后写的是毛主席也是点,然后又写了群众的目光。所以这段的顺序是面点面。

师:赞同吗?(赞同)那,请你把它板书上去吧,看看应该板书在哪里。还有这位同学要发言吧。

生:大家请看二十四页十四段。这里,从先后顺序上来分,是先面后点;从数量上来分,是一点带一面。这里的面写的是群众,点就是指毛主席。

师:赞同吗?(赞同)那请你也去把它给写上去吧。那你们认为还有其他的吗?

生:大家请看二十三页的第六自然段。这里呢,它的点面的先后顺序是点面点,然后结合方式是多点带一面。它的点有两个,一个是中央人民政府秘书长林伯渠,写了他的动作,他宣布典礼开始;然后另一点是在最后一句,毛泽东主席宣布中华人民共和国中央人民政府今天成立了,写了他的动作;然后,面的话描写的是中央人民政府主席、副主席、各位委员,还有乐队,所以呢,它是点面点,然后是多点带一面。

师:点面点,请你把它写上去吧。也许刚才有些同学还不是特别清楚,但是听了这三位同学的分析,我相信大家一定更有收获,按照刚才三位同学所说的,我们就知道了,点面结合的方式有好多种,例如按照顺序来说是可以分为……(先点后面 先面后点 面—点—面)

师:按照数量来分的话,可以分为一点带一面、多点带一面。省略号表示什么意思啊?还有很多有待我们去发现。

（三）小组合作，自主发现

师：刚才是个别同学展示了自己的理解，现在我们要以小组为单位来发挥一下团队的智慧。我们以《狼牙山五壮士》《狱中联欢》《毛主席在花山》为学习内容，进行合作学习。请默读要求，如果有不明白之处，请提出来。

小组合作要求

1. 小组从《狼牙山五壮士》、"阅读链接"，选定其中三个文段，各自阅读，思考点面结合的方法；
2. 小组交流意见，填写表格；
3. 确定汇报代表；
4. 汇报时，要说明白是第几页第几段，点面分别是指什么，是如何结合的。

（学生展开小组交流学习，教师提醒学生先选定文段，确定分工，各自负责一个文段分析点面及结合方式，再进行交流，确定发言代表。）

师：我看同学们都讨论得很不错，已经胸有成竹了。要不请个小组来汇报一下，哪个小组先来？哪个小组来勇夺第一呢？请这个小组同学来吧。

1. 第一小组汇报

生1：《狱中联欢》的第三自然段，这里的点面结合，从先后顺序可以分为点面点，从数量上可以分为多点带一面。这里的点指的是报幕员和最边上站着的一个人，面指的是表演的同志。

生2：《狼牙山五壮士》第二自然段中的点是指马宝玉、葛振林、宋学义、胡德林和胡福才。这里的面指的是五位壮士，结合的方式，从先后顺序可以认为是先面后点，从数量上可以认为是多点带一面。

生1：再请大家看六、七、八自然段。这里的点写的是马宝玉，面是五位壮士，结合成的场面是五位壮士英勇跳崖。从先后顺序可以认为是面点面，从数量上可以认为是一点带一面。

生2：第六自然段的点是警卫员和几位大叔，面是乡亲们，结合成的场面是大家一起喝茶。结合方法，从先后顺序上可以分为点面点，从数量上可以分为多点带一面。

第七讲 学习活动设计——描写

生1、2：谢谢大家。我们小组汇报结束了。

师：刚开始，她们两个好像还不是特别自然，可是慢慢地就自然了，看来这个学习很锻炼我们的胆量，不过我希望下一个汇报的同学，不要把你的脸遮住啊，把你的脸露出来，让大家看到你自信的笑容。好，有请第二小组。

2. 第二小组汇报，激发思考

生1：请翻到《狼牙山五壮士》第四自然段。这里第四自然段，它的结合方法是面点面，它从数量上来说的话，是多点带一面。它的点有两个，一个是班主马宝玉，一个是战士胡福才。写马宝玉，写的是他的动作；写胡福才，也描写了他的动作。面的话，是写了五个壮士，五个壮士的动作，所以这一段是面点面，多点带一面。

师：这个汇报跟前面那个小组对比，讲得比较清楚，有把这个点写的是哪一方面说出来了。

生2：第五自然段的话，点面的顺序是先面后点，点面的数量是一点带一面。它这里的点呢，写的是班长马宝玉，写了他的动作，然后面的话，写的是敌人，写了敌人要扑上来，要攻击五位壮士，所以呢，是先面后点，一点带一面。

师：同意吗？有没有不同意见？哦，你有不同意见吗？你把话筒拿给他，听一下他有什么不同意见。

生：你说的它这个先面后点，它是先面后点没错，因为它前面说的是敌人，但是后面说班长在扔那个手榴弹的时候，手榴弹在敌人群中开了花，这个也是一种面。

师：那你认为他哪里说的不够？

生：这个应该是面点面，还要加上这一个点面结合方式。

师：他刚才没有提到这一点，是吗？还有不同意见吗？来，把话筒递给那个女同学。看来同学们的思维被打开了。

生：他先说的先面后点，我觉得敌人不算是一个面。

师：为什么？

生：因为这篇文章主要写的是五壮士，敌人是一个反面的，所以，他们不算是场面中的构成因素。

师：哦，你认为他连点都算不上，是不是？来，还有人要发言，看看给谁。

生：我的意见跟上面两位同学是一样的，但我觉得第二个同学解释错了，因为最后一句"手榴弹在敌人群中开了花"，主语是手榴弹，手榴弹不是一个人物，不是敌人，所以这不算一个面。

师：噢，看来同学们对这个到底是不是一个点，是不是场面，还有争议是不是？认为它算场面的请举手。第二组组长，你们当时小组讨论时大家意见如何？哦，其他同学都认为它不属于场面，是吗？那好，我们这堂课的重点是要发现点面结合的方法，那它到底算不算场面，我们就留在课后再来争论，好不好？现在请小组代表继续汇报，同学们能够大胆发言，积极思考，非常好。

生1：第六自然段，它这里点面的顺序是面点面，点面数量是一点带多面，写的点是班长马宝玉，写了他的动作和他的语言。面的话是五位壮士，写了他们的动作。所以这里是面点面，一点带多面。

生2：《狱中联欢》的第一段。这一段没有点，就只有面，所以它所有的点面结合方法就只有一个是面，面就是戴着脚镣的同志们，他们在堤坝上扭着秧歌，所以这里就只写了面，就是戴着脚镣的表演秧歌的同志。

师：他认为这里没有……只有面，同意吗？那如果要命名的话，好像就不能再按顺序来，只能是在数量那里去说，那我们怎么给它命名呢？来，想一想。可以怎么命名？你们有没有给它命到名？没有，那你现在看看有没有同学帮帮你。大家都想想怎么给它命名，大胆地去思考。

（生沉默思考）

师：有点难，你想到了什么就说，也许你把它说出来，以后就真的变成了一个写法上的命名了，那你就太棒了。你们想到的也可以跟同学们分享一下，现在……哎，你看看有人举手了。

生：我认为这个是有面无点，因为你说它只有面，那么就没有点，如果用有面无点的方式来命名，容易理解一些。

师：你是第二小组的同学吧。你刚才没在小组讨论当中把它提出来哦，看来下次小组讨论不能藏私。大家同意吗？觉得他的命名合不合理？那请你把它写上去吧。刚才这个高个子女生也举手了。来，请你说一下。

生：我们简洁一点，只有一个场面的话就说成单面。

师：单面？解释一下。

生：就是一个场面，没有点，单单一个面，单面。

师：你们觉得她的跟刚才第一个同学的对比起来的话，哪个好？大家来投票。赞成第一个同学的，请举手（有一些同学举手）。赞成第二个同学的，请举手（也有一些同学举手）。

师：两位同学都能提出自己的看法，非常好。有面无点，如果要写的话，应该写到这边还是这边？大家认为有面无点是写在先点后面这边还是写在一点带一面这边？

（学生示意数量这一边）数量这边是不是更加合理？第二小组还有什么汇报吗？

生：我们的汇报结束了，谢谢大家。

（四）总结学习，提出疑问

师：在这个学习活动过程中，我们认真思考了，非常好，产生了思维的火花，得出了一个非常棒的结论，来了一场思想的碰撞，让我们感到学习是非常痛快的事情。在这一次的学习活动当中，你有什么疑问，或者你觉得你收获了什么呢？能不能说一说？你的收获是什么？你学会了什么？

来，请你来说一说，你觉得你学会了什么？

生：我明白了点面结合的方法，例如有多点带一面，或者是按顺序来，有先点后面，或者是先面后点。

师：你收获了这一些。估计这一点大家都知道，那我想问的是你还有什么疑问呢？疑问很重要，也许就像刚才我们还留了一个问题，是不是那个到底属不属于场面的？哦，这个同学，你还有什么疑问呢？

生：就像刚才那个问题一样，敌人算不算场面中的点或者面。

师：到底算不算？老师也想知道，也许课后我们可以再讨论。

师：来，请你说一说。

生：我的问题是文章中很多地方运用到侧面描写，在场面里，侧面描写算不算场面结合方式呢？

师：侧面描写算不算场面结合方式？我可以帮你改改这句话，说成"侧面描写当中的那些人物，可不可以当作是场面描写当中的点或者面？"这样是不是更通顺一点？

师：同学们提出了很多值得探究的问题，我们在下一次的学习当中继续学习。这一堂课，我们上到这里。下课。

点评

本学习活动设计，建立在学生学习了《狼牙山五壮士》及《开国大典》，已经初步了解"点""面"的含义基础上，预计要达成的目标就是了解点面结合的方法。

片段设计了四个具体可操作的学习活动，一是回顾课文内容；二是结合片段，圈画点面；三是分析片段，讨论结合方法；四是群文阅读，发现特点。

这四个学习活动具有如下特点。

1. 可操作性强，吸引学生积极主动参与。本片段四次不同活动，都让每个学生有事可做，避免独立长时间静坐。在活动中，通过主问题"点面结合写场面有哪些方法"，引起学生的思考、阅读、交流及动笔，甚至让他们自己命名写法。这些活动，充分尊重了学生的自主性，让他们真正成为学习的主人，使枯燥的学习变得富有吸引力——学习不再是为了完成老师的任务，而是为了展示自己的思考，小组的合作。

2. 多样化的学习方式，动静结合，富有变化。四个活动环节，学习方式各不相同，有个人独立阅读思考，有全班交流讨论，有小组合作等。多样的学习方式，促使生生互动，促使学生思考，也让注意力更集中。

3. 多文本学习，开拓思维。本活动是一个小型的"群文阅读"会，虽然时间短，但是涉及的文本内容有三篇，选用了两篇精读课文及阅读链接。

《开国大典》作为主要文本，承担了让学生初步认识写法特点的任务，在师生聊天中，自然将相关的点面要素拎出来，再进行对比。如此一来，学生不难发现，同是场面，可是涉及的点的数量、点面先后的顺序是不一样的，于是"一点带一面""多点带一面"、先点后面、先面后点等结合方法自然就出来了。《狼牙山五壮士》"阅读链接"是让学生自主发现，小组讨论后再汇报。在这个过程中，首先是个人的阅读思考，再是小组交流，全班交流，学生要动脑、动笔、动嘴，要对比，要归纳，要思考，思维在一次又一次的碰撞中得到拓展。

4. 多种训练方式，发展能力，习得策略。本活动主要运用了群文阅读、对比阅读等策略，通过对比《开国大典》中的片段场面，让学生初步明确点面结合的方法；阅读《狼牙山五壮士》、阅读链接并交流，旨在让学生继续发现点面结合方法。一系列的活动，让学生发展了语言表达能力，内化了点面结合的方法；锻炼了思维，习得了阅读策略。

第五节 "人物描写"学习活动设计

接下来,和大家探讨"人物描写"学习活动设计这个话题。

一、"人物描写"要素解读

(一)什么是"人物描写"

什么是"人物描写"呢?人物描写是指对人物的外貌、语言、动作、神态和心理活动等方面的描摹绘写。人物描写一般包括外貌描写、语言描写、动作描写、神态描写、心理活动描写等描写方法。各种描写方法各有各的特点及其表达效果。

(二)学习"人物描写"的意义

那么,在教学中,引导学生学习"人物描写"有什么意义呢?《语文课程标准》各学段的教学目标与内容中虽没有明确提出"人物描写"这一概念,但在学段的教学目标中隐含着人物描写方法的学习要求:如"在阅读中了解文章的表达顺序,体会作者的思想感情,初步领悟文章的基本表达方法。"其中的"表达方法"就包含了以描写各种动作来刻画人物的表达方法。在习作目标中提出"能写简单的纪实作文和想象作文,内容具体,感情真实"。要把文章写具体,就必须学会具体描写事件中人物的言行。因此学习人物描写方法是阅读教学的重要内容之一。认识记叙文中人物描写的方法,体会文中人物描写的作用,可让学生进一步提升对人物形象的整体把握,继而从课内到课外,从阅读到写作,实现知识的输出和方法的迁移。

(三)人物描写方式的分类

人物描写方式是多样的,有动作、语言、外貌、心理活动、神态等具体的描写方式。

1. 动作描写

动作描写是人物描写中最常见、最基础的表达方式之一，准确具体地描写某一人物在特定情况下所做出的动作反应，就势必表现出这一人物的内心活动、处事态度和思想品质。正如老舍先生所言："只有写行动，人物才能站起来。"通过对人物动作的描写，能动态地揭示人物的性格特征。

2. 语言描写

语言描写是对文中人物说话进行的具体描写。人物的语言是人物内心世界的直接透露，可以把人物的性格和思想感情真实而具体地表现出来。因此，用具有个性化的语言描写人物能够很好地刻画人物的性格特征。

3. 外貌描写

外貌描写不仅包括人物的容貌描写，还包括写人物的服饰、神情、姿态等外部特征描写。外貌描写能突出人物的精神面貌，使人读了之后能对人物的模样、性格、气质、精神留下深刻的印象。因此，"画脸""点睛"是外貌描写的重点。

4. 心理活动描写

心理活动描写是直接深入人物心灵，揭示人物的内心世界，表现人物丰富而复杂的思想感情。人的心理活动是无声的语言，是人物内心的思想活动。心理活动描写往往能直接表现人物的思想和内心的喜怒哀乐，以此表现人物的思想品质和性格特点。

5. 神态描写

神态描写专指对人物脸部表情的描写，描写时要用表示表情、神态的词语，如"哭丧着脸""专注的神情"等。神态描写可以通过人物脸上的表情刻画人物性格，表现人物丰富的内心世界。

二、"人物描写"单元解读

在人民教育出版社统编版语文教材中，有以下四个阅读单元的语文要素主要指向人物描写，简要解读一下。

（一）四年级上册第六单元

本单元以"成长故事"为主题，编排了《牛和鹅》《一只窝囊的大老虎》《陀螺》三篇精读课文。

本单元有两个语文要素。第一个语文要素是"学习用批注的方法阅读",旨在让学生养成不动笔墨不读书的习惯,学习用批注的方法加深、丰富对文章的理解。第二个语文要素是"通过人物的动作、语言、神态体会人物的心情"。

在本单元的教学中要注意处理好两个语文要素之间的关系。我们教学时,可以将这两个语文要素融合,引导学生画出描写人物动作、语言、神态等方面的语句,对各种心情变化进行批注,促进对课文内容的理解。我们要避免泛泛地谈人物心情,忽略了用批注方法阅读。

(二)四年级下册第七单元

本单元以"人物品质"为主题,编排了《古诗三首》《文言文二则》《"诺曼底号"遇难记》《黄继光》四篇课文,从不同方面展现了人的精神追求和高尚品格。

本单元的语文要素是"从人物的语言、动作等描写中感受人物的品质"。旨在引导学生仔细研读文本,发现人物的品质是如何通过人物的言行表现出来的,并能够受到人物品格的感染。四年级上册学习了"通过人物的动作、语言、神态体会人物的心情"的方法,侧重情感的体会。

在本单元教学中,我们要注意在落实"从人物的语言、动作等描写中感受人物的品质"这一教学重点时,要引导学生边读边画出文中描写人物语言、动作的关键语句,作简单的批注,在小组内交流、汇报,形成阅读感受,而不要简单地给人物品质"贴标签"。

(三)五年级下册第四单元

本单元以"责任"为主题,编排了《从军行》《秋夜将晓出篱门迎凉有感》《闻官军收河南河北》三首古诗和《青山处处埋忠骨》《军神》《清贫》三篇课文,意在让学生感受先辈们的崇高精神。

本单元的语文要素是"通过课文中动作、语言、神态的描写,体会人物的内心"。在四年级时,学生已经掌握了通过人物的动作、语言、神态体会人物心情、感受人物品质等阅读方法,本单元的学习既包括体会人物的感情,也包括体会人物的心理活动及其变化,体会的角度更多元,需要学生对人物内心体会得更加丰富、细腻、深入。围绕这个要素,教材设计了多角度的练习活动。

在教学中,我们要处理好落实语文要素和课文整体学习之间的关系。要把对关键词句的品读融入课文的整体学习之中,加深学生对课文内容的理解。我们千万不要只关注课文中描写动作、语言、神态的部分语句,过度琢磨局部而忽视整体。

(四)六年级下册第四单元

本单元以"理想和信念"为主题,编排了《古诗三首》《十六年前的回忆》《为人民服务》《金色的鱼钩》四篇课文。

本单元编排了两个语文要素,一个是"关注外貌、神态、言行的描写,体会人物品质",一个是"查阅相关资料,加深对课文的理解",这两个要素学生都已经学过,这次再出现是为了强调对这两个要素的综合运用。围绕这两个要素,教材设计了多角度、多层次的练习。

在本单元的教学中,我们要注意什么呢?我们要注重发挥学生学习的主动性,引导学生自主学习。因为本单元的语文要素学生之前都学习过,我们要引导学生根据阅读的需要查阅资料,通过自主阅读把握课文主要内容,引导学生关注人物描写的语句,联系上下文,结合相关资料体会人物品质。我们要让学生结合运用学过的方法,在自主阅读理解、讨论交流的过程中不断提升语文能力。

三、活动设计分享

从以上几个单元的内容中,我们能深刻地体会到,在写人记事的课文中,外貌、语言、动作等人物描写方法大多是糅合交织在一起的,阅读教学中我们经常将这几种人物描写方法分开教学,让学生清晰地认识各种描写方法的不同特点,从实际教学效果看,这种教学方式是可行的。

吴忠豪教授指出,阅读教学中认识人物描写的方法,其最终目的是为了引导学生在习作时加以运用,不是为认识而认识。由此我们大致可以分出阅读教学中教学人物描写的不同层次:首先是认识文章中的语言描写、动作描写、外貌描写、神态描写、心理活动描写;其次,是深入体会动作、语言、神态等描写方法对表现人物思想和性格的作用;最后为学生习作中迁移运用人物描写方法做好铺垫。

在这里和大家分享东莞市万江教育管理中心黎婉霞老师的教学课例《心理描写有妙招》。这个教学课例是围绕"心理活动描写"设计的专题学习活动。

第七讲　学习活动设计——描写

(一)课例流程

1. 明确内容

师:今天我们学习的内容是《心理描写有妙招》,这节课就让我们走进心理描写魔法训练营,把多姿多彩的心理活动变成有趣的文字。什么叫"心理描写"呢?心理描写是指在文章中,对人物在一定环境下的心理状态和内心活动进行的描写。描写人物的思想活动,能反映人物的性格,展示人物的内心,还能细致、生动、真实地展示人物的心路历程,从而更好地揭示人物的性格特点。

2. 质疑问难

生:尽管我知道了什么叫"心理描写",可是,一到写人物内心活动的时候,我就习惯用"谁想……"这样的句式来写。这是我写的一个片段,从头到尾就是一成不变的"我想""他想""我又想",乏味而单调。该怎么办呢?

3. 关注提示语

(1)发现提示语的特点

师:在这个片段中,写了甜小雨几次心理活动?

生:从这个片段中的"寻思""犹豫""想"我知道:"这是谁丢的"是第一处心理描写;另外还有三处心理描写。

师:老师把这个片段变一下,你们有没有发现?第一,心理描写提示语可在前,可在后,可在中间,有时候还可以省略。第二,心理描写提示语用词可以变化,不一定只用一个"想"字。比如这个片段中的"寻思""犹豫"都是表示心理活动的提示语。咱们在写人物心理活动的时候,要学会变:一是提示语的位置可以变化,二是提示语的用词也可以变化。

(2)改写提示语

生:我们可以先用表示想的词语"嘀咕""酝酿""反省""默想"代替原文中的"心想",再将提示语的位置适当变化一下。这个片段就不会是一成不变的"我想""他想""我又想",显得灵动多了。

4. 分享心理描写锦囊

(1)揭示心理描写锦囊

锦囊一:言行神态活现法,通过语言、动作和神态描写来表现内心的感受。以五年级下册《青山处处埋忠骨》的片段为例。

锦囊二:环境烘托法,通过环境的描写来表现内心的感受。以季羡林先生的《月是故乡明》的片段为例。

锦囊三:内心独白法,通过告白描写来表现内心的感受。以学生的习作片段为例。

锦囊四:梦幻描绘法,通过假想描写来表现内心的感受。以《卖火柴的小女孩中》的片段为例。

锦囊五:巧用修辞法,通过比喻、夸张等手法来表现内心的感受。以《白鹭》的片段为例。

心理描写锦囊大串烧:心理描写要认真,五大锦囊有学问。言行神态巧留痕,交叉运用是根本。环境烘托由心渗,内心独白最逼真。梦幻描写情更甚,巧用修辞才传神。灵活运用可加分,人物内心印象深,印象深。

(2)运用心理描写锦囊

请仿照例子,从下面情景中选择一种,体会人物的内心,尝试运用刚学的心理描写方法,让句子变变变,使人物心理活动更生动,更形象。

5.总结收获,课外延伸

写好心理描写,还要用好我们今天学的五大锦囊,并注意心理提示语的位置,用语要灵活多变。课后分别选取一个情景,运用学到的心理描写方法,写一写你的喜怒哀乐,让喜怒哀乐变变变,为自己的心灵做一面镜子。

(二)观课感受

观摩了黎老师的教学课例,相信大家能感受到课例的三个特点。

一是以生为本。指向语文要素的学习活动,要从学生的实际出发,遵从学生的认知水平,努力发掘学生中存在的普遍问题和个别问题进行指导。这个课例中的学习活动设计,就是从学生实际中来,黎老师针对学生文章中缺少细致生动的心理描写这一问题,开展实实在在的学习活动,以实现帮助学生解决问题、提升语文能力的目标。

二是目标集中。我们经常会对学生们说"你写得不生动,不具体,要是加上心理描写就更生动了"这样抽象的话语,听了老师的话,学生虽然知其然,却不知其所以然。学生需要明白,究竟怎样去进行心理描写,也就是习得方法。在"人物描写"这一语文要素中,包含的内容丰富,这节课的学习活动设计将"写出多姿多彩的心理活动"作为目标,以大化小,目标集中。

三是活动有效。为实现一个目标,我们要集中所有的优势"火力",朝着既定目标,从不同的角度出发,直达目标。在这个课例中,所有的学习活动,都是为目标服务。黎老师引导学生在活动中运用、迁移学到的妙招,学习活动环环相扣,由理论到实践,让学习回归生活,引导学生在趣学、乐学的基础上攻克难关,实现课堂的高质高效。

如何围绕语文要素开展有效的学习活动,引导学生在语文之路上愈行愈远,还需要我们深入细致地思考,脚踏实地地行动,让我们携手并肩,不懈努力,在教育实践的青草地上聆听花开的声音吧!